AF384895

FACULTÉ DE DROIT DE PARIS

DE LA

CRÉATION ET DE L'EXTINCTION

DES PERSONNES MORALES

EN DROIT ROMAIN ET EN DROIT FRANÇAIS

THESE POUR LE DOCTORAT

PAR

EDMOND SELIGMAN

Né à Laon (Aisne), le 17 janvier 1857

Licencié ès-lettres de la Faculté de Paris

Avocat à la Cour d'Appel

Lauréat de l'École de Droit (concours de licence, 1876)

et du concours général des Facultés de droit (1876)

Docteur en droit

Première médaille d'or du doctorat (1877)

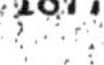

PARIS

TYPOGRAPHIE MALVERGE ET DUBOURG

41, rue du Cardinal-Lemoine

1877

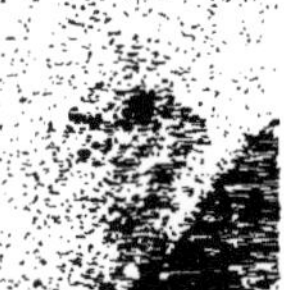

DE LA

CRÉATION ET DE L'EXTINCTION

DES PERSONNES MORALES

EN DROIT ROMAIN ET EN DROIT FRANÇAIS

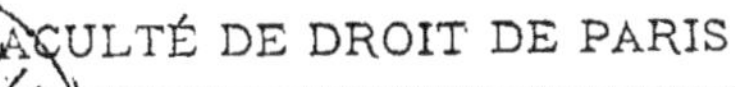

THESE POUR LE DOCTORAT

PAR

EDMOND SELIGMAN

Né à Laon (Aisne), le 17 janvier 1851
Licencié ès-lettres de la Faculté de Paris
Avocat à la Cour d'Appel
Lauréat de l'Ecole de Droit (conc. licence, 1876)
et du concours général des Facultés de droit (1876)

*L'acte public sur les matières ci-après sera soutenu le Lundi
20 juillet 1877, à 2 heures*

Président : M. GIRAUD, professeur.

Suffragants
{
MM. VALETTE,
COLMET DE SANTERRE,
RATAUD,
} Professeurs.

CASSIN,
LYON-CAEN,
} Agrégés.

PARIS

TYPOGRAPHIE MALVERGE ET DUBOURG

41, rue du Cardinal-Lemoine

1877

A MON PÈRE

A MA MÈRE

A MON ONCLE

M. J. WORMS

A LA MÉMOIRE DE MON GRAND ONCLE

M. H. WORMS

PREMIÈRE PARTIE

DROIT ROMAIN

CHAPITRE PREMIER

DE LA NOTION DE LA PERSONNE MORALE.

1. *De l'association et de la personne morale.*—L'association est un fait primordial, aussi vieux que la société, dont il porte le nom. Le droit naturel, en donnant aux hommes la faculté d'agir, leur a permis de se réunir pour atteindre un but commun, de rassembler leurs efforts afin d'en assurer la réussite et de soumettre leurs volontés, en vue de l'intérêt général, à une direction unique. Sans doute, le législateur puise dans sa mission de tutelle et de conservation sociale la faculté de régler l'exercice du droit d'association; c'est là une idée dont l'application a soulevé bien des controverses, et l'accord

n'est pas encore à l'instant de s'établir sur ce point.

Mais le principe est incontesté en soi. Les uns croient nécessaire qu'aucune association ne fonctionne sans l'autorisation préalable du gouvernement, d'autres le nient. Tous sont d'accord pour admettre qu'il n'est pas permis à l'État de supprimer le droit d'association dans son essence, parce qu'il est antérieur à l'État lui-même, que l'État en dérive et qu'il ne dérive pasde l'État.

A côté de l'association, nous trouvons dans nos sociétés actuelles, une idée différente et dont il est nécessaire de bien préciser la portée, c'est celle de la personnalité civile des êtres moraux. Non content de s'occuper des existences physiques, le droit reconnaît à diverses abstractions que nous appelons *personnes morales* une certaine capacité qui, sans être tout à fait la même que celle attribuée à l'homme, s'en rapproche toutefois beaucoup et est constituée à son imitation. La personne morale diffère profondément de l'association en ce sens que, tandis que l'association est, comme je l'ai dit dès le début, un pur fait naturel, l'existence juridique des personnes morales est au contraire, une création, une fiction du législateur. Pour donner satisfaction à des besoins divers, le législateur a autorisé certaines associations à prendre un corps, un nom, une personnalité civile ; les forces qui n'étaient que groupées se sont, par une opération de chimie sociale transformées en une réalité nouvelle; là où il n'existait auparavant qu'une collection d'efforts convergeants, nous trouvons l'action unique d'un être qui est une abstraction pour nos sens, mais dont le droit admet désormais la vie et la capacité.

2. *Capacité juridique de la personne morale.*—La personne morale n'est donc plus une simple association; la voilà devenue entité juridique. Il nous reste encore à déterminer ses droits et sa capacité. L'idée d'après laquelle doit se faire ce travail est simple: le législateur assimile le plus possible l'être moral à un être réel, à un homme. Comme un homme il pourra activement et passivement être sujet de droits; il pourra être propriétaire, débiteur, créancier; il pourra mettre en œuvre ces droits en estant en justice. Toutefois deux sortes de restrictions sont apportées à cette capacité. Les unes tiennent à la force même des choses : les droits de famille ne peuvent exister pour la personne morale. Constatons cependant que, sinon chez nous, du moins dans les législations antérieures, divers êtres moraux ont participé au bénéfice, non pas du pur droit de famille, mais de certaines institutions greffées sur la famille, la succession *ab intestat* par exemple. La capacité des personnes morales est encore bornée par cette idée que, tout en ayant la vie civile, elles

n'en restent pas moins des fictions. A la différence des êtres physiques qui, par cela seul qu'il vivent, ont le droit de vivre et de faire tous les actes sociaux nécessaires au libre usage de leurs facultés, les personnes morales qui ont pris naissance par la concession du législateur lui doivent compte de la façon dont elles usent de son bienfait. Tous les pays, à toutes les époques, ont reconnu à l'État un certain droit de surveillance sur ces entités qu'il a créées. La divergence commence à l'instant où il s'agit de fixer les limites des pouvoirs qu'il convient à la Société de retenir sur le fonctionnement de ces petites sociétés dont elle tolère l'indépendance partielle. Mais, tandis que, pour les actes que fait l'association en tant qu'association, le principe est la liberté, pour ceux qu'elle accomplit en tant que personne civile, le principe est tout opposé. C'est là la formule essentielle de la matière qui, dans sa généralité, me semble échapper à la discussion ; mais cette généralité même entraîne cette conséquence que, lorsque nous passerons à l'application, nous verrons les principes secondaires et les considérations d'utilité restreindre beaucoup le nombre et l'importance des solutions que l'on peut déduire de ces premiers aperçus.

3. *Corporations et fondations*. — J'ai jusqu'ici raisonné en considérant la personne morale comme

une association élevée à cette dignité par la volonté
du législateur. Je dois toutefois signaler ici une
distinction à laquelle les auteurs allemands atta-
chent une grande importance, celle entre la corporation et la fondation. La corporation, c'est l'association devenue personne morale ; quant à la fondation, que l'on appelle *Stiftung* de l'autre côté du
Rhin, elle suppose simplement une certaine quantité de biens consacrés à un but utile et destinés à
une *œuvre* que l'on revêt de la capacité civile.
Voilà comment la définit Puchta (Pandectes, § 27),
que je traduis ainsi : « Celui qui veut donner des
« biens pour un but pieux ou utile, par exemple
« pour les pauvres, les malades, les orphelins, les
« progrès de l'art ou des sciences, la propagation
« du christianisme, n'a pas besoin de faire entrer
« ces biens dans le patrimoine d'une personne exis-
« tant naturellement ou civilement avec la condi-
« tion d'un emploi déterminé. Cette *fondation*
« *utile* est considérée comme un patrimoine subsis-
« tant par soi-même, ayant en soi-même le sujet de
« son existence ».

D'après ces observations, fréquemment répétées
par les écrivains allemands, il semblerait qu'il y
aurait une grande différence entre les fondations
qui peuvent exister sans autre sujet de droit que
l'idée qui les a fait naître et les corporations dont la
personnification suppose la présence de certains

individus constituant l'être moral par leur réunion.
Toutefois la différence est en réalité minime ; nous
le comprendrons facilement quand nous aurons,
touchant plus intimement que nous ne l'avons fait
jusqu'ici à l'essence de l'entité juridique, examiné
un de ses caractères principaux, c'est-à-dire l'abstraite indépendance de sa personnalité, absolument
dégagée de tout rapport avec celle même des membres qui peuvent servir à la composer.

4. *Indépendance de l'existence juridique de la
personne morale.*—Si, en effet, nous supposons une
corporation, il faut nous garder de croire que l'activité
de la personne morale soit la même chose que l'activité réunie des individus qui font partie de la
corporation; ce serait là une association, non une
corporation. La personne morale est un être nouveau, je l'ai déjà dit; mais cet être nouveau n'a pas
simplement pour mission de rendre plus facile l'action commune des particuliers réunis; il a des droits
distincts, parce qu'il a une raison d'être propre.
Cette raison d'être, c'est le but dans lequel ces particuliers se sont associés ; ils se sont réunis pour
atteindre un résultat, pour accomplir une œuvre.
C'est cette idée abstraite qui a été revêtue de la
capacité juridique; c'est elle qui a un patrimoine,
des droits, une réalité civile. Sans doute, ceux
qui provoquent la constitution d'une personne

morale le font souvent dans leur propre intérêt; mais si cet intérêt personnel ne se confond pas
avec un intérêt plus général, il n'y a pas lieu à la
création d'une existence juridique nouvelle, l'action commune des individus suffira. Si une corporation d'artisans est personnifiée, ce n'est pas dans
l'intérêt de ceux qui se réunissent aujourd'hui ;
c'est en vue de l'utilité publique que sert leur association, en vue des avantages que retireront ceux
qui, plus tard, entreront dans la corporation. On le
voit donc, à proprement parler, il n'y a guère de
différence entre la fondation et la corporation ; toutes deux sont l'incarnation juridique d'une idée.
Elles se séparent toutefois en un point, c'est que
l'une, la corporation, ne peut se créer sans qu'il se
trouve des individus pour soutenir, si j'ose m'exprimer ainsi, la capacité abstraite de l'être moral
par leur existence concrète. Au contraire, dans la
fondation, l'idée se suffit à elle-même comme réalité
juridique. Le droit français, nous le verrons, ne
connaît pas la fondation. Cela prouve que notre
législation n'a pas bien compris le rôle abstrait que
joue dans le droit la capacité des êtres moraux.
Mais, cette réserve faite pour la création, il n'y a
plus de différence entre les deux sortes de personnes morales; elles peuvent l'une et l'autre subsister
en l'absence de membres. Si, dit Savigny, tous les
membres d'une corporation d'artisans viennent à

périr, la corporation ne périt pas pour cela. Elle vit toujours, et pourra recevoir dans son sein des , membres nouveaux.

5. *De la représentation des personnes morales.* — Mais cette conception de l'être moral donne lieu à une difficulté sérieuse. Le droit en effet, dans sa souveraineté, peut bien considérer comme existant ce qui en fait n'existe pas. Mais comment la personne morale, qui n'est qu'une fiction pure, pourra-t-elle faire passer sa capacité de la théorie dans la réalité? Comment pourra-t-elle agir? Se la représente-t-on acquérant, plaidant, possédant? « Municipes per se « nihil possidere possunt, » dit le droit romain. Le droit y a pourvu au moyen de la théorie de la *représentation*. La personne morale sera représentée si c'est une corporation, par ses membres, si c'est une fondation, par une administration spèciale.

Les membres d'une corporation ne sont que ses *représentants*, c'est là une idée importante qu'il ne faut pas perdre de vue. Le droit romain l'a méconnue dans deux textes connus de Paul (1, 22, D. 41, 2) et d'Ulpien en attribuant les difficultés que rencontre le fonctionnement de la personne morale à cé que « universi consentire non possunt. » Récemment encore, des auteurs allemands, dont le plus connu est M. Bluntschli, (*Deutch Privat.*, § 34) ont soutenu que la corporation est capable d'avoir une volonté, qu'il ne s'agit donc que de lui trouver un organe pour l'exprimer. Ces auteurs ont un instant oublié la différence qui existe entre la personne morale et l'ensemble de ses membres.

6. *Développement historique de la matière.* — Tel est, à mon avis du moins, le sens que l'on doit donner à la notion de la capacité juridique des êtres moraux. Mais, on le comprend, cette théorie purement abstraite et que je crains d'avoir exprimée d'une façon malaisée à saisir n'est pas apparue, à un jour donné, toute faite, dans la science du droit. Elle s'est développée peu à peu et se développera encore. Il est donc intéressant de la suivre depuis l'instant de son apparition au travers de l'histoire du droit. La législation romaine nous sera pour cela de la plus grande utilité. Que l'on ne s'attende pas toutefois à y trouver beaucoup d'enseignements pour les progrès futurs de la matière. Ce serait mal connaître l'esprit du droit romain que de penser que les jurisconsultes du Digeste ont pu déployer sur ce sujet les qualités d'analyse, de logique, de subtile précision dont ils ont conquis l'apanage. Les matières de droit public, où il faut, non tirer des conséquences d'un principe, mais faire sortir une idée générale d'un état social donné, conviennent peu à leur talent. De plus, la politique réagissait trop directement sur un sujet tel que le nôtre pour

laisser toute liberté à leur sagacité. On peut dire
que la notion de la personnalité des êtres moraux
s'est fait jour dans le droit romain malgré le droit
romain ; elle s'est introduite par la force des choses,
parce qu'elle répondait à un besoin qui ne pouvait
rester sans satisfaction. Mais ce qui, ailleurs, serait
un désavantage tournera ici à notre profit. En
voyant peu à peu la personne morale revêtir les
caractères de la capacité, nous comprendrons mieux
le rôle qu'elle doit jouer, nous verrons les éléments
dont elle se compose et nous reprendrons, par une
espèce de synthèse, le travail dont je viens abstrai-
tement et analytiquement de donner par avance le
résultat.

7. *Du nom de la personne morale.* — Il ne me reste
plus qu'une dernière observation à faire : elle porte
sur le nom même de la personne morale. Les auteurs allemands critiquent vivement le terme dont
nous nous servons ; selon Savigny il aurait le défaut
d'éveiller une idée de moralité qui n'a rien à faire
en pareille matière. Aussi les auteurs allemands
proposent-ils en général l'expression de *personne
juridique (juristische Person)* Je trouve qu'au contraire le mot personne morale indique bien que les
êtres dont nous nous occupons n'ont pas d'existence
matérielle. Par personne juridique, on désigne également les individus et les êtres moraux qui ont la

capacité civile. Le défaut de l'expression reçue dans notre pays est plutôt de ne pas distinguer assez nettement les établissements qui ont une existence juridique de ceux qui en sont dépourvus. L'expression strictement exacte serait donc: *personne morale civile*. Mais ce sont là de petites questions de langage sur lesquelles les auteurs français ont le bon esprit de ne pas s'appesantir, tant que la clarté du discours et la netteté de la pensée ne sont pas en jeu.

Sans nous y arrêter davantage, nous passerons immédiatement à l'étude des règles de la législation romaine.

CHAPITRE II

DE L'ÉTAT.

8. *Capacité civile de l'Etat romain.* — Au premier rang parmi les personnes morales, nous devons citer l'Etat. Si obscure est la matière des personnes morales à Rome que, dès l'abord, nous nous heurtons à une controverse sur le point de savoir si l'Etat est personné morale.

Il est un point incontesté, c'est que le *fiscus* a une capacité juridique. Cela est prouvé par tous les textes du droit ; la lecture du titre de *Jure Fisci* (Dig., 49,14) ne laisse aucun doute à ce sujet. Un auteur allemand Westenberg, *Principia juris*, a étudié les priviléges juridiques du fisc. La personnification du fisc ressortirait encore plus manifeste, au cas de doute, des textes qui établissent que les différentes caisses du fisc ne sont que des unités administratives, n'ayant d'autre personnalité que celle du fisc lui-même (2, *Cod.*, 8, 43 ; 1, *Cod.*, 10, 5).

Mais on a soutenu que, si le fisc était personne morale, le peuple romain ne l'était pas. Cette théorie venue d'Outre-Rhin, a été présentée chez nous par un jeune jurisconsulte M. Pierre Dareste (*Thèse de doctorat*, page 22). Selon M. Dareste, les idées

romaines répugnent à ce que le peuple romain
puisse figurer dans un contrat et être soumis au
droit des particuliers. Ce système ne me semble
aucunement fondée. Qu'à une époque où nul n'avait
encore compris l'idée de l'existence civile des êtres
moraux le peuple romain n'ait pas été personne
juridique, cela se peut; j'admets même que jamais on
n'a conçu l'Etat comme un individu assimilé quant
à ses relations juridiques aux particuliers. Mais ne
voyons-nous pas à tout moment le peuple romain
institué héritier? Dès l'instant des guerres puni-
ques, il contracte des emprunts. Attale en mourant
lui laisse tous ses biens. Sans doute il ne plaide pas
devant ses magistrats; mais est-ce à dire qu'il soit
incapable? Je tire de là cette conséquence, qu'au
cas où sa capacité est en contradiction avec sa souveraineté, c'est la souveraineté qui est sauvegardée
de préférence; mais la personnalité civile n'en subsiste pas moins chaque fois qu'un obstacle de droit
public ne s'oppose pas à son action. Je trouve dans
une pratique bien connue du droit romain un argument qui n'a jamais été produit et qui me paraît
décisif en mon sens. On sait que, lorsqu'un *infans*
n'avait pas d'esclave qui pût stipuler en son nom,
on faisait prononcer les paroles solennelles par un
servus publicus. C'était là une façon d'agir incor-
recte, puisque l'esclave qui appartient à l'Etat n'est
pas la propriété indivise des citoyens. Nous avons

mıs précédemment en garde contre toute confusion de cette nature. Mais, ceci mis à part, ne doit-on pas déduire de là que le *servus publicus* était capa-·ble de contracter au nom de son maître au même titre que tout autre esclave? Or, son maître, c'était, non l'*infans* qu'il représentait, mais l'ensemble des membres de la cité, le peuple enfin qui, sans doute, dans ses contrats, agissait en général en vertu de sa souveraineté, mais n'en était pas moins pour cela un être capable, apte à tous les actes de la vie civile. J'ajoute que, en tous cas, il faut bien admettre que l'Etat a été personne civile du jour où le *fiscus* s'est confondu avec l'*œrarium*, à moins que l'on ne prétende, contre toute vraisemblance, que le fisc a cessé à ce moment d'avoir une existence juridique. Paul, au livre V, titre XII de ses Sentences, traite de *Jure fisci et populi*, prouvant ainsi que, pour le droit civil, le peuple est dans la même situation que le fisc.

9. *Confusion du fisc et de l'œrarium*. — Il n'est pas aisé de fixer le moment auquel le fisc et l'*œrarium* se sont confondus. Spartien, l'auteur présumé de la vie d'Adrien, fait encore allusion à cette distinction. Toutefois, le sénatusconsulte Juvencien rapporté par Ulpien (26, 6 *Dig.*, 5, 3) nous montre le fisc revendiquant les parts caduques. Or, Gaïus (2, 286) enseigne formellement que les parts caduques

translata sunt ad populum, c'est-à-dire *ad œra-iu m.* Tacite n'est pas moins précis. (Ann. III, 28), en disant que les parts caduques sont transférées au peuple père de tout le monde. Le sénatusconsulte Juvencien semble donc partir de l'idée que le peuple et le fisc se confondent, à moins que l'on n'admette avec M. Accarias que ce texte s'occupe non des *caduca,* mais des *ereptoria.*

Toutefois un édit de Marc-Aurèle, cité par Justinien (14, Inst., 2, 6), ne fait pas de distinction entre le fisc et le Trésor public. Le même esprit se retrouve au titre *de jure fisci* du Digeste, dans les textes que Paul place sous la rubrique significative : *De jure fisci et populi.* Les empereurs romains ont donc constamment tendu à établir la doctrine que, en fin de compte, Justinien formule ainsi : *Quœ differentia introducitur, cum omnia principis esse intelligantur, sive ex suâ substantiâ, sive ex fiscali fuerit aliquid alienatum* (1)?

10. *Capacité des tribus.* — Une question qui a donné lieu à quelques difficultés est celle de savoir si les tribus à Rome avaient la capacité civile. L'affirmative se fonde sur un texte de Suétone, par lequel Auguste lègue *populo Romano quadringenties,*

______

(1) Ce texte est l'expression d'une doctrine définitive qui considère comme confondus avec l'ararium non-seulement le *fiscus,* mais encore les *privata* du prince.

tribubus tricies quinquies. H S. Toutefois il est peut être hasardeux de baser une théorie juridique sur une disposition testamentaire écrite à une époque où la théorie de la personnalité morale naissait à peine, surtout que la libéralité d'Auguste peut s'interpréter comme prescrivant une distribution d'argent, ne supposant aucune capacité chez les tribus gratifiées.

11. *La série des empereurs est-elle personne morale?* — A côté de la personnalité du fisc et de celle de l'*œrarium*, différents auteurs considèrent comme constituant une personne morale la série des empereurs. Cette opinion ne s'appuye pas, comme on pourrait le croire tout d'abord, sur la revendication faite par les empereurs en leur faveur personnelle des priviléges du fisc. La source de cette doctrine est dans un texte du Digeste (56, *De leg.*, 2o) qui dispose que le legs fait à l'empereur est recueilli par son successeur, tandis qu'au contraire la loi suivante décide que le legs fait à l'impératrice est caduc si le testateur survit.

Cette doctrine est repoussée par Savigny (II, p. 37).

Je crois qu'en effet ce texte isolé ne suffit pas pour que l'on admette une théorie dont la conséquence logique serait que le nouvel empereur perd à son avènement la propriété de ses biens personnels, dévolus à la personne morale en question, ce qui, d'ailleurs, a été soutenu par M. Laboulaye. Il faut voir dans la loi 56 une interprétation de volonté comme les textes en font fréquemment en matière de legs : elle suppose que le testateur a eu en vue plutôt la dignité impériale que la personne même de l'empereur ; on sait qu'en effet beaucoup de testaments contenaient des libéralités en faveur de l'empereur. La loi 57, au contraire, part de cette idée que celui qui institue Plotine ou Faustine a considéré l'impératrice elle-même et a voulu la gratifier personnellement.

CHAPITRE III

DES CITÉS.

12. Provinces.— Au-dessous de l'Etat, la première circonscription administrative qui se présente à nous est la province. L'empire romain, divisé d'abord en un certain nombre de provinces fut subdivisé en un plus grand nombre de circonscriptions, après que la suppression de la procédure formulaire eût augmenté les attributions des magistrats. Très-importante au point de vue administratif, la province, qui n'a pas de patrimoine à gérer, ni de dépenses à supporter, ne joue qu'un rôle secondaire en matière de droit civil. On comprend donc le silence des textes à cet égard. Toutefois, il paraît résulter tant du Code Théodosien, que du Code Justinien (7, 1, *Code*, 1, 2 3) qu'elle était personne morale.

I3. Division de l'empire en civitates. — Plus intéressante est la personnalité juridique des *civitates*. La *civitas* est, en effet, la véritable unité en dehors de l'Etat ; c'est sous les noms divers de *civitas, municeps, respublica,* sous celui même, presque moderne dans sa forme barbare, de *com-*

munitas, que les anciens désignaient cette seconde patrie que Rome leur laissait parfois en dehors de la grande patrie La *civitas* est, en général, un état jadis indépendant, annexé à l'Empire romain auquel les vainqueurs, mettant en usage ces habiles procédés de décentralisation qui ont assuré la sécurité de leur pouvoir, ont laissé une certaine autonomie. Peu à peu, les différentes *civitates* se fondirent dans l'organisation générale de l'Empire et se rapprochèrent de plus en plus du rôle de simples circonscriptions administratives. Mais la *civitas* fut toujours le foyer de la liberté locale ; les *defensores civitatis*, dont les évêques revendiquèrent parfois le titre, furent les protecteurs de l'indépendance des provinces. Tellement profondes étaient les racines qu'avait jetées la décentralisation municipale, que l'on a pu se demander si le mouvement communal du XII° siècle n'était pas précisément le réveil des anciennes *civitates*.

Vers la dernière époque de l'Empire romain, le territoire de la Gaule se divisait en 115 *civitates* : ce chiffre suffit à prouver que la *civitas* n'était pas une simple commune, mais comprenait souvent un territoire équivalent à l'un de nos départements.

Les *fora*, les *castella*, les *conciliabula* étaient des circonscriptions plus restreintes ; mais leur situation était la même et leur rôle fut analogue.

14. *Double rôle de la* civitas — La *civitas* peut être examinée à deux points de vue, comme unité administrative et politique d'un côté, de l'autre, comme personne morale. La première de ces deux études a été faite bien des fois, et les questions auxquelles elle a donné lieu ont été réveillées par la récente découverte des bronzes d'Ossuna. La *civitas* pouvait-elle avoir une armée? Les municipes avaient-ils des assemblées délibérantes? Les libertés concédées aux pays barbares, étaient-elles aussi étendues que celles dont jouissaient les pays de langue grecque? Toutes ces questions ont été discutées. Mais ce que nous devons étudier, ce n'est pas le rôle politique des *civitates*, c'est leur capacité juridique.

15. *Origines de la capacité des municipes.* — Ici se présente une question importante : quelle est l'origine de la capacité des cités et municipes? Faut-il la voir dans une concession de Rome ou, au contraire, est-elle antérieure à la conquête elle-même? Suivant Roth, tant qu'une loi, un sénatus-consulte ou un décret n'imprime pas aux cités le caractère de personnes morales, elle ne constituent qu'un amas de maisons, un rassemblement d'êtres humains. C'est donc l'Etat qui donne la vie civile aux municipes. Pour **Savigny**, au contraire, la capacité des *civitates* est antérieure à celle même de

.'Etat; elle s'impose à lui et provient de la force même des choses, non de la concession.

Ces deux opinions, comme la plupart de celles qui veulent trouver la trace d'une idée unique dans le développement des institutions humaines, partent d'un point de vue exact et arrivent à une affirmation rendue fausse par un excès de généralité. Savigny a raison de dire qu'avant que l'Etat romain n'eût reconnu la capacité des *civitates*, certaines d'entre elles s'étaient, dès le temps de leur indépendance, constituées personnes civiles; il va trop loin en soutenant que l'Etat romain n'intervint jamais dans la personnification des villes. Un texte bien connu de Tacite prouve que fort anciennement certaines villes telles que Marseille, pouvaient être instituées héritières : c'est celui où il nous montre Vulcatius Moschus, exilé, laissant ses biens à la ville qui lui a donné asile. Je serais même assez tenté de croire que c'est par la considération de ces êtres juridiques que l'idée de la personnalité morale s'est introduite dans le droit romain.

16. Restrictions à la capacité des municipes. — Quoiqu'il en soit, il est certain qu'à l'époque des Antonins, Rome avait confisqué au moins en partie cette capacité juridique. Cela résulte d'une lettre de Pline déclarant que : « Nec hæredem institui, « nec præcipere rempublicam constat. » Toutefois,

la même lettre prouve que les cités pouvaient être
propriétaires. En effet, Pline, chargé d'un fidéicommis pour Côme, sa ville natale, déclare renon-
cer à se prévaloir de la nullité du legs. Or, s'il consent à délivrer la somme donnée, c'est que la ville
de Côme pouvait en acquérir la propriété; c'est
qu'elle avait une capacité juridique, restreinte, sans
doute, mais bien établie en son principe.

Les raisons qui empêchaient à ce que cette capacité juridique fût reconnue dans sa plénitude, nous
les avons citées plus haut. Le droit romain conce-
vait difficilement qu'une communauté d'hommes fût
considérée comme sujet de droits, incapable qu'elle
est de vouloir et d'agir. Mais quand la théorie de la
représentation se fut peu à peu infiltrée dans les idées
des jurisconsultes, rien ne s'opposa plus à ce que
les municipes fussent reconnus aptes aux actes civils. « Si quid universitati debetur, singulis non de-
« betur, nec quod universitas debet, singuli de-
« bent. » Un autre texte bien curieux est celui où
Ulpien explique que l'esclave d'un municipe peut
être mis à la torture dans le procès intenté contre
un membre de la cité, quoi qu'il soit de principe que
l'esclave ne peut être contraint par la torture à dé-
poser contre son maître. « Servum municipum posse
« in caput civium torqueri sæpissime rescriptum
« est : quia non sit illorum servus, sed Reipublicæ. »
(1, 7, Dig., 48, 18).

Quant à la capacité de recueillir par testament, ce fut celle dont la concession coûta le plus au droit romain. La raison en est aisée à comprendre. Tandis que des intérêts administratifs de premier ordre exigeaient que les villes fussent admises à la propriété, qu'elles pussent s'obliger et contracter, le besoin ne se faisait pas sentir aussi vivement de leur donner la faculté de recevoir à titre gratuit. Toutefois la logique finit par triompher à la longue, et des décisions dont je n'ai pas ici à rapporter le détail admirent peu à peu les villes à recevoir, à titre de fidéicommis, de legs, à obtenir une bonorum possessio, jusqu'à ce qu'enfin, en 469, la constitution de Léon accordât aux villes et communes le droit de recueillir toute espèce de succession testamentaire.

17. *Rôle du municipe comme personne civile.* — La ville considérée comme personne civile est ce qu'on appelle une *universitas ordinata*. Ses intérêts sont administrés en général par des conseils, qui sont eux-mêmes des personnes morales dont nous aurons à étudier la capacité. « Respublica minorum jure uti solet, » dit la loi 4, C., 2, 53.

L'examen des règles particulières à l'administration des biens des cités nous entraînerait trop loin et nous ferait sortir du cadre de cette étude qui consiste simplement à caractériser par son origine et son but le rôle que joue dans le droit la capacité civile d'une personne morale.

18. Suppression de la capacité civile des municipes. — Quant à l'extinction des municipes en tant que sujet de droits, elle dépendait de la volonté du peuple romain qui, de même qu'il pouvait conférer à une cité l'existence civile, avait la faculté de la lui retirer.

Je ne parle pas seulement des villes, Carthage par exemple, qui étaient par le fait de leur destruction rayées du nombre des cités, tant au point de vue civil qu'au point de vue politique. Rome frappait quelquefois certaines villes de la mort civile comme d'une peine. L'histoire en donne un exemple célèbre dans Capoue qui fut ainsi punie du secours qu'elle avait prêté à Annibal. « Habitatur tantum et frequentatur, sed est nullum corpus civitatis, » dit Tite-Live. De même Gaius fait sans doute allusion à un cas analogue quand il dit que l'usufruit laissé à un municipe « neque morte nec facile capitis deminutione periturus est.» (56, Dig, 7, 1.)

L'hypothèse d'une ville perdant sa capacité par suite d'une destruction effective est, au contraire, prévue dans la loi 21, *Dig.* 7, 4 : « Si usufructus civitati legetur et aratrum in eam inducetur, civitas esse desinit, ut passa est Carthago : ideoque quasi morte desinit habere usumfructum.»

Peut être devrait-on conclure de ce texte qu'un
certain symbolisme accompagnait habituellement la
mort civile d'une ville ; de même, on sait par l'histoire des premiers temps de Rome, par ce que Vir-
gile nous raconte de la fondation de Carthage que
le rite de la charrue jouait un rôle dans la naissance
des cités. Le fait que cette tradition a été mention-
uée par un jurisconsulte doit-il nous donner à penser
qu'il y avait là autant une formalité juridique qu'un
acte religieux ? Cela est possible ; mais j'ai assez
insisté sur le danger que l'on court dans notre matière à procéder par voie de généralisations hasar-
dées pour ne pas pouvoir me permettre sur ce point
une affirmation catégorique.

CHAPITRE IV

DES COLLÉGES

19. *Historique du droit d'association à Rome.* —
L'étude historique du développement de l'idée de
personne morale chez les Romains donne lieu à une
grave difficulté. Quand et comment cette notion pé-
nétra-t-elle dans le droit romain? Ce qui complique
la question, c'est que rien n'est plus malaisé, à vingt
siècles de distance, que de démêler dans les écrivains anciens les allusions faites à la capacité civile
des êtres moraux et les passages qui traitent simplement de l'association.

Si loin que nous remontions dans l'histoire romaine, nous y trouvons les bienfaits de l'association
pleinement appréciés.

Fondée, si l'on en croit les légendes que rapporte
Tite-Live, par les efforts réunis des bandes accou-
rues de toutes parts autour de Romulus, la société
romaine favorisa ce groupement des forces pour
atteindre un but d'intérêt commun. Dès l'époque des
rois (Plutarque, *Numa*, 17), la législation s'occupe
de réglementer l'activité des corporations. Tite-
Live (12, 16), Pline (34, 1, et 35, 12) nous font assister à ce premier essor de la liberté d'association.

La loi des Douze Tables reconnaît le droit d'association, et, à l'imitation de la Grèce, en règle l'usage avec beaucoup de largeur.

Toutefois, dès l'époque républicaine, les dangers de cette liberté avaient été signalés. On sait le péril que fit courir à l'État la fameuse société dont les mystères furent révélés au Sénat par l'affranchie Hispala Fecennia. A l'époque des dissenssions intestines de Rome, le péril se révéla si sérieux que, en 690, le Sénat jugea prudent de dissoudre toutes les associations privées. Clodius les rétablit en 696; mais Auguste abolit tous les *collegia*, à l'exception de ceux qui présentaient des garanties au pouvoir nouveau qui s'élevait sur les débris de la liberté.

20 Origine de la capacité civile des collegia. — Il est constant que, avant même l'époque d'Auguste, les *collegia* avaient une existence civile ; dès le temps où le sénat restreignit la liberté d'association, il est question du patrimoine des *collegia*, de la caisse, produit des cotisations communes. Sous l'empire même des *legis actiones*, on pouvait plaider *pro populo*. Mais comment cette idée entra-t-elle dans le droit romain ? Les textes que j'ai consultés ne m'ont à ce sujet fourni aucun document. Voici néanmoins quelle me semble avoir été la progression normale, de cette théorie juridique. Ce qui constitue le caractère essentiel de l'être moral, c'est la persistance de la capacité civile, malgré la disparition des individus qui la supportent. Or, c'est là une notion qui se présentait tout naturellement, à l'esprit de ceux qui considéraient la situation juridique des communautés d'habitants dont l'existence civile était préexistante à leur incorporation dans le territoire romain. Une première application en fut faite à certaines corporations de fonctionnaires : on érigeait en personne civile l'intérêt public, dont elles étaient l'incarnation. Puis on voit la personnalité juridique se mêler un instant avec la notion de la société; je fais allusion à ce caractère tout particulier aux sociétés de publicains qui consiste à ce qu'elles ne s'éteignent pas par la mort de leurs membres. Voici donc un *corpus* d'une nouvelle espèce, d'un côté société ordinaire, n'ayant d'autre personnalité, que celle de ses membres, de l'autre, être indépendant subsistant malgré la disparition des individualités physiques qui le composent. Sans doute cette dérogation ne fut d'abord admise, comme le constate la loi 59, pr. D, *pro socio*, qu'en faveur des *héritiers* des associés. Mais peu à peu cette exception s'étendit; les publicains se recrutant dans une classe restreinte, on ne vit par d'inconvénient à admettre dans la corporation la substitution d'un individu à un autre. Un pas restait à faire pour appliquer la règle nouvellement admise aux *collegia*, que le texte précité appelle *privata*, par opposition aux sociétés de publicains. Les nécessités de la pratique y conduisirent lentement. Il fallut longtemps toutefois avant que l'assimilation des *collegia* aux personnes physiques fut complète, et la théorie ne s'acheva qu'à la veille de la dissolution complète du vieil Empire romain, lorsqu'en 469, à Constantinople, l'empereur Léon autorisa les *collegia* à être institués héritiers.

Quoi qu'il en soit de ces difficutés historiques que l'on ne peut résoudre que par des hypothèses, il est certain qu'à l'époque du droit classique, les *collegia* forment des êtres moraux. Cherchons avec les textes quel est le caractère de cette capacité.

Le droit romain employe diverses expressions pour désigner les colléges. Le mot *collegium* est celui dont la signification est la plus large. Le terme de *corporatio* se trouve dans la *Nov Severi*, tit. II ; il est question de *Corporati* dans la loi 5, de commerc. 4, 63 et la loi 1, C 11, 14. «L'expres-
« sion usitée dans la langue classique de *corpus*,
« dit Windscheid (§ 57, note 4), qui a à peu près
« la même généralité que celle d'*universitas*,
« s'applique aux corporations qui ont une existence
« volontaire, plutôt qu'aux communautés d'habi-
« tants. »

21. *Conditions d'existence de la corporation*. — Trois conditions sont nécessaires pour la création

d'une corporation: 1o une raison juridique d'existence, 2o l'autorisation de l'Etat: 3o une réunion de
trois personnes constituant le collége.

Voici comment M. Windscheid s'explique sur le
premier point (*Pandecten*, § 60) :

« La personne juridique, n'existe pas en réalité,
« mais seulement comme conception de l'esprit.
« Mais cette conception a pour fondement quelque
« chose d'effectif, un *substrat* existant, qui est,
« pour nos esprits, élevé à la dignité de personne,
« le *substrat* peut être une réunion de personnes
« qui veut devenir sujet de droit. »

22. *De la concession législative*. — Mais la réunion ne peut, par son propre fait, acquérir la capacité civile. Il faut encore une concession du législateur. Cette concession peut être soit générale,
soit particulière ; nous la verrons générale pour les
collegia tenuiorum, par exemple, qui sont autorisés
à se fonder, pourvu qu'ils remplissent certaines
conditions fixées une fois pour toutes ; elle est
particulière, quand elle résulte d'une autorisation
spéciale du législateur. C'est ainsi que Suétone
nous montre (*Octave, 32)* Auguste laissant subsister quelques colléges, *antiqua* et *legitima,*
tandis que les autres étaient dissous. « Romæ col-
« legia certa sunt, dit la loi 1, pr., Dig, 3, 14, quo-
« rum corpus senatusconsultis atque constitutio-

« nibus principalibus confirmatum est, veluti pis-
« torum. »

Au sujet de cette intervention du pouvoir de
l'Etat, je trouve dans Puchta (*Pandekten*, nº 28,
note *p*)) une doctrine singulière : à côté de la concession de la capacité civile, il pourrait, dans certains cas, être besoin d'une autorisation de police,
nécessaire non pour que la personne morale
acquière la capacité, mais pour qu'elle puisse la
mettre en œuvre. « Il ne faut pas confondre, dit le
« jurisconsulte, l'autorisation de police qui peut
« être nécessaire à l'existence des personnes mora-
« les avec la concession de la personnalité qui
« n'est pas une émanation du pouvoir de police. »
Cette doctrine pourrait peut-être s'expliquer par
des considérations empruntées au droit public de
nos jours ; mais, transportée dans le droit romain,
elle n'est qu'une pure fantaisie. C'est une des erreurs
résultant de cette méthode parfois dangereuse des
jurisconsultes d'Outre-Rhin, qui consiste à englober
sous les lois d'une même théorie les principes
romains et ceux du droit allemand. Qu'il me suffise,
pour le moment, de constater que la distinction
signalée n'a pas davantage sa place dans le droit
romain que dans la législation française.

L'autorisation donnée par l'Etat à une association la constitue-t-elle personne morale? C'est ce
qui a été contesté par une doctrine dont je trouve

l'expression dans un récent travail de M. Piébourg
(*Revue de législation*, 1876, page 93) : « On a sou-
« tenu qu'à Rome l'association constituait de droit
« un être moral. Il serait facile d'établir, textes en
« mains, que cette affirmation n'a rien de fondé :
« qu'il suffise de signaler, sans entrer dans la dis-
« cussion, que ce système, en présence des textes
« du Digeste, fait dire au législateur romain ce
« qui suit : les droits attachés à la personnalité
« civiles ont peu prodigués, mais ils sont la consé-
« quence nécessaire du droit d'association, lequel
« était fort large. Ces deux propositions sont abso-
« lument contradictoires : si les *sodalitates* innom-
« brables de l'ancienne Rome avaient la personna-
« lité morale, que deviendrait la valeur du fragment
« si important de Gaïus : « *Paucis admodum in*
« *causis concessa sunt hujusmodi corpora?* »

Cette théorie me semble inexacte. Non certes, il
ne suffisait pas qu'une association existât *en fait*
pour qu'elle constituât une personne morale. Mais
toute association *autorisée* devenait par cela même
être juridique. Cela résulte de la loi 1, Dig., 4, 3.
Aussi conçue : « *D. Marcus omnibus collegiis qui-*
« *bus eoeundi jus est manumittendi potestatem*
« *dedit.* » Il est impossible d'établir plus clairement une corrélation entre le faculté *légale* de s'associer et la capacité civile. Je ne crois pas qu'il soit
difficile de concilier ce texte avec celui de Gaius

affirmant que la concession de la capacité civile est une faveur rarement accordée. Rien, en effet, n'établit que le nombre des associations reconnues fut considérable.

L'argument tiré du grand nombre des *sodalitates* est malheureux. En effet la personnalité des ces colléges est rendue incontestable par la loi 1, pr., Dig., 47, 22, qui nous les montre ayant une caisse commune alimentée par des cotisations mensuelles.

Enfin les textes exigent, pour qu'une corporation soit admise au bénéfice de la capacité civile, qu'elle comprenne, en se fondant, trois membres au moins (85, Dig., 50, 16). « Mais, fait remarquer M. Wind-« scheid (*Pandecten*, §60, note 3), il faut voir là plu-« tôt une règle écrite en vue de la facilité des délibé-« rations qu'un principe absolu. »

23. *Curies municipales.* — Parmi les personnes morales, il n'en est pas auxquelles les textes du droit fassent de plus fréquentes allusions que les curies municipales. Leur capacité est constatée à chaque instant dans le Code Théodosien et celui de Justinien. Cela se comprend sans peine, si l'on se rappelle que, en outre de son rôle administratif, la curie avait une responsabilité civile en matière de perception d'impôts qui rendait essentiel pour elle le droit à l'existence juridique. La curie, considérée comme personne morale, a même cela de tout particulier qu'elle peut *ab intestat* succéder à ses membres (4, Code, 6, 62).

La plus importante des curies, le Sénat romain, ne semble pas avoir eu de capacité civile. On se rendra facilement compte de ce fait en remarquant que, vu l'union intime existant, au moins dans les premiers temps, entre le Sénat et l'Etat lui-même, il pouvait sembler inutile de donner au Sénat une personnification spéciale. Plus tard, quand ce corps, si grand autrefois, fut réduit au rôle qu'il joua sous l'Empire, l'empire des traditions s'opposa à ce qu'il fut constitué en personne civile.

La corporation des décurions avait, dans les provinces, un rôle juridique bien différent de celui du municipe qu'elle administrait. Toutefois certains textes du droit du Bas-Empire semblent établir une confusion entre ces deux personnalités si distinctes.

24. *Corporations de fonctionnaires.* — Un certain nombre d'écrivains allemands (Mühlenbruch, Lehrbuch, § 199) ont considéré comme une personne morale ceux qui exercent une même fonction, et ceci sur la foi d'un texte du droit romain (25, Dig., 50, 1) ainsi conçu : « Magistratus munici- « pales cum unum magistratum administrent, etiam « unius hominis vicem sustinent. » Mais c'est là une interprétation vicieuse. Comme le fait remarquer Puchta (*Pandecten*, § 27, note 1), la loi 9, Dig., 2, 14, dit que les créanciers corréaux *unius loco habentur*, et cependant nul ne prétendra que la réunion de ces créanciers constitue une personne morale. La loi que nous avons citée consacre simplement une théorie administrative analogue à notre théorie actuelle de l'*indivisibilité* du ministère public.

Le droit romain a érigé en personnes morales certaines corporations de fonctionnaires d'un ordre inférieur, les *apparitores*, les *scribæ*, les *viatores*, les *licteurs*. Nombre de passages parlent des *apparitores* sans faire allusion à leur personnalité. Mais Mommsen, *De Appar.*, *Rhenisches Museum*, t. VI, p. 44 et suiv., l'a établie à l'aide d'inscriptions mentionnant des *curatores* chargés de la gestion des affaires de la corporation. Celle des *scribes* eut une importance toute particulière sur laquelle insiste Niébuhr (*Hist. rôm.* vol. III, p. 345-353). Ils étaient divisés en *decuriæ*. Savigny entend par *decuriæ* un collége de dix personnes.

25. *Légions.*—Les légions et autres corps militaires constituaient-ils des personnes morales? Des textes assez anciens nous parlent de legs faits à des légions. Mais il s'agit là d'argent à distribuer entre les soldats, ce qui ne suppose pas que le corps lui-

même ait eu une capacité civile. Au contraire, sous le Bas Empire, les légions forment des êtres moraux, comme le prouve la loi 2, Code, 6, 52 qui accorde aux *cohortales milites* un certain droit de succession sur les biens du militaire décédé.

26. Sociétés de publicains. — L'origine des sociétés de publicains remonte à la seconde guerre punique (Tite-Live, XXIII, 48 et 49). Les corporations de publicains se présentent sous un double aspect comme sociétés civiles d'abord, et c'est sous ce rapport que les envisage la loi 59, Dig, 17, 2, puis ensuite comme personnes morales. Ce second caractère leur est reconnu par un texte que nous avons déjà rencontré plusieurs fois, la loi 1, pr., Dig., 3, 4. Cicéron, en plusieurs endroits, dans le *Brutus* par exemple, nous montre les colléges de publicains estant en justice. Ce double caractère des sociétés de publicains est bien exprimée par Schmid (*Arch. f. Civ. Pr.* XXXVI, page 187), dont je traduis ainsi le passage le plus saillant: « Si l'on peut dire en toute généralité que le carac-« tère propre d'une semblable société est d'avoir, « à la façon d'une *respublica*, un patrimoine com-« mun, une caisse commune, un *actor* ou un *syn-* « *dicus*, il ne faut pourtant pas oublier en réalité « que cette société ne doit être considérée qu'en « certains cas, non essentiels, comme une corpo-

« ration, avec tous les signes distinctifs d'une cor-
« poration ; sous tous les autres rapports, elle con-
« serve la nature d'une société privée; ainsi no-
« tamment, pour une société de mines, les mines et
« les minières doivent être considérées non pas
« comme des *res universitatis*, mais comme des
« *res communes* dans le sens étroit du mot. » Le caractère de sociétés privées a même tellement frappé
certains auteurs que l'un deux, Kuntze, VI, p. 60 et
61 a pu, oubliant les termes formels de la loi 1, D.,
3, 4, contester la personnalité civile des sociétés
de publicains.

Je n'ai pas à étudier l'organisation détaillée de
ces sociétés. On sait qu'elles étaient composées des
chevaliers qui, écartés par le Sénat de la direction
des affaires publiques et peu satisfaits de leurs
fonctions de juges, prenaient à ferme les impôts
publics et employaient leur activité à conquérir
d'immenses, mais scandaleuses fortunes. Les inscriptions d'Orelli donnent des renseignements pré-
cieux sur le fonctionnement de ces sociétés. Elles
achetaient tantôt le monopole de l'exploitation,
tantôt celui de la vente d'une denrée. Le système
des sous-fermiers, que pratiqua chez nous l'ancien
régime, était déjà connu. Grâce à cette organisation
ingénieuse, Rome pouvait compter sur l'exacte
rentrée des impôts; mais c'étaient les provinces,
pressurées outre mesure, qui payaient les frais

des bénéfices que réalisaient les chevaliers d'abord, et le peuple romain ensuite, par leur entremise.

27. *Corps de métiers.*—Les corporations de chevaliers avaient, comme nous le voyons par la loi 59, Dig., *pro socio*, un certain caractère public; d'autres colléges étaient, au contraire, des institutions essentiellement privées. Il faut, en première ligne, mentionner les corporations de métiers. Dès les premiers temps de Rome, sous Numa, Plutarque nous apprend l'existence de colléges de cette sorte. A mesure que Rome avance dans son existence, ces associations prennent une plus grande importance. C'est à elles, en effet, qu'incombait la mission d'assurer la subsistance de la Ville Eternelle : on sait non—seulement par la littérature, mais encore par les sources du droit en matière, par exemple, d'acquisition du droit de cité, quel rôle jouait cette question dans les préoccupations de l'administration romaine. Quand la richesse se fut accrue, quand la population de Rome eut augmentée dans de larges proportions, il devint de plus en plus difficile d'assurer les besoins de ces divers services, si utiles, et pourtant si méprisés. On eut pour cela recours à deux moyens: des faveurs et des prohibitions.

Les faveurs sont énumérées dans différents textes du Code Théodosien; ainsi des titres entiers sont

consacrés à l'énumération des priviléges accordés
aux *metallarii*, aux *pistores*, dont Gaius constatait
l'existence civile dans la loi 1, Dig., 3, 4, aux *fru-
mentarii*, aux *navicularii*, etc. Trajan, dans une
lettre à Pline (Ep. 42 et 43), parle d'un *collegium
fabrorum ad incendia coercenda*, c'est-à-dire d'un
corps de pompiers. Valentinien, Théodose et Arca-
dius déclarent les *porcinarii Urbis æternæ* exempts
des « *munera sordida.* »

A côté des faveurs, il faut parler des mesures de rigueur prises pour retenir les membres dans la corporation. Dès l'époque d'Alexandre Sévère (Lampide,
Al. Sév. 24, 33), des efforts sont faits dans ce sens.
A mesure que l'on avance, cette tendance du droit
s'accentue davantage : « Curialem suum municipes
« vindicent, collegiatum proprium corpus adstrin-
« gat, » dit le Cod. Théod., l. 16, *de Palat.* Honorius, au titre du Code Théod. *de his qui cond. prop.*
nous montre les artisans « cultum urbium deseren-
« tes, agrestem vitam in secreta et devia confe-
« rentes » (1). Mais, continue le prince, notre autorité réprime de pareils désordres : « Ubicumque
« terrarum reperti fuerint ad officia sua sine ullius
« nisu exceptionis revocentur. » Triste économie
politique qui s'imagine remédier par voie d'autorité
à la plaie du paupérisme !

(1) Il est curieux de comparer ce texte avec le *Paysan du Da-
nube.* La Fontaine pourtant ne connaissait sans doute pas la
constitution d'Honorius !

Les corps de métiers prirent, à Constantinople, une influence qu'ils n'avaient jamais eue à Rome. Procope nous montre le danger que firent courir à l'État les dissenssions intestines des cochers du Cirque. L'autorité impériale elle-même intervenait sans effet pour apaiser les querelles des Verts et des Bleus.

28. *Collegia sodalitia*. — Une dernière espèce de corporations, plus spécialement privées, est constituée par certaines associations dont le droit romain tolérait l'existence et que protégeaient les empereurs : je veux parler des *sodalitates* ou *collegia sodalitia*. Le nom de ces colléges se trouve mentionné dans Cicéron, *Ad. Quintum fr.* 11, 3; *de Senectute*, 13, etc.; Festus leur consacre un article ; enfin plusieurs des inscriptions Orelli se réfèrent à leur organisation. Ces sociétés ont été, avec raison, comparées à nos clubs actuels. Supprimées en 690, par une loi Julia dont Mommsen fait mention, elles sont rétablies par Clodius, en 696; César les supprime à nouveau; Auguste les défend sous peine de crime de lèse-majesté. On en voit cependant s'établir sous le patronage d'Auguste, de Claude, d'Hadrien, de Titus, dont elles portent le nom : c'est qu'en effet l'interdiction prononcée par Auguste ne s'appliquait qu'en l'absence d'une autorisation spéciale du prince.

Les *collegia compitalicia* ne furent pas englobés dans la proscription générale : « Compitales lares « ornari bis in anno instituit vernis floribus et « æstivis, » dit Suétone en parlant d'Auguste.

Les réunions des *tenuiores* sont aussi autorisées sous condition de se conformer à certaines règles prescrites d'avance. Elles peuvent même être composées d'esclaves : « Servos quoque licet in collegio « tenuiorum recipi volentibus dominis (3, 2, Dig., 47, 22). » La personnalité civile de ces associations résulte de la loi 1, Dig., 3, 4.

Signalons encore les associations funéraires, dont les membres touchent un *viaticum* toutes les fois qu'ils assistent à l'enterrement d'un des leurs. Chose étrange! à dix-huit siècles d'intervalle, j'ai retrouvé en Savoie des associations funéraires organisées précisément de la même façon que les *collegia* de l'ancienne Rome !

29. Œuvres de bienfaisance. — Dans ces colléges, il y avait en germe les sociétés de charité. Mais Rome n'alla pas plus loin. Elle ne connut la charité publique que par les distributions gratuites ; c'est avec le christianisme que nous verrons se développer les institutions charitables. Constatons pourtant que, à partir de Nerva, il existe des établissements pour subvenir aux besoins des orphelins d'Italie (*Aur. Vic.* 12). « Nerva puellos puerosque, natos paren-

« tibus egestosis, sumptu publico per Italiæ oppida
« ali jussit. » Une table trouvée à Mezinesso, dans
le duché de Plaisance, sous les ruines de Velleja,
conserve une inscription de l'an 103 connue sous
le nom de *Tabula alimentaria Trajani*; elle con-
tient une série d'actes constitutifs d'hypothèques
pour sûreté d'un fonds destiné à l'éducation de 179
enfants légitimes et de 2 illégitimes. Enfin une
autre inscription que j'ai vue à Parme se rapporte
à une somme que Corn. Gallicanus place dans le
même but.

Signalons encore avec les sources anciennes,
l'hospice d'enfants, fondée dès l'époque d'Auguste,
à Atinia; 400,000 sesterces sont affectés au service
de cette institution (Henzen, *Tab. aliment. Bæbia-
norum*).

Nerva a attaché son nom à une fondation pour les
inhumations (*Zeit. für ges. Rech.*, IV, 5, 1848).

L'antiquité s'est peu occupée des fondations d'instruction; sauf à Rome, les dépenses relatives à ce
service étaient faites par les municipalités. Nous
avons déjà vu que Pline, en exécution d'un fidéicommis, créa à Côme une bibliothèque avec une
école. Néanmoins ces établissements ne consti-
tuaient pas des personnes morales au même titre
que les hospices ayant une administration particulière; elles étaient, au point de vue civil, représentées par les municipalités dont elles dépendaient.

30. Extinction des collèges et corporations. —
« La personne juridique, dit M. Windscheid (*Pan-*
« *decten*, § 61), s'éteint par cela même que le
« *substratum* juridique n'existe plus ». Entendons-
nous bien toutefois sur la portée de cette règle : il
ne faut pas croire que, par cela même que les membres d'une corporation s'en sont retirés, que l'argent d'une fondation est dépensé, la personne morale ait cessé d'exister. Nous le savons, ce que le
professeur de Leipzig appelle le *substratum* consiste, non en la personne des membres d'un collége
ou dans les fonds destinés à subvenir aux besoins
de l'hôpital, mais en l'*idée* même, élevée à la dignité
d'entité juridique. Comme le dit Savigny, et c'est
là un point sur lequel nous aurons à revenir en
droit français, « si les membres d'un corps de mé-
« tier étaient tous subitement emportés par une épi-
« démie, on aurait grand tort de considérer la com-
« munauté comme éteinte et ses biens comme étant
« sans maîtres ou tombés dans le domaine public ».
La personne morale ne périra donc faute de cause
d'existence que lorsque le rôle qu'elle jouait ne
pourra plus avoir aucune utilité, lorsque la force
même des choses, indépendamment de la volonté de
l'État, aura décrété sa suppression.

Puisque nous décidons, ce qui d'ailleurs n'est pas
hors de toute contestation (Sintenis, I, § 15) que
l'*universitas* ne périt pas par la disparition de tous

ses membres, à plus forte raison devons-nous dire qu'elle subsiste quand ses membres sont réduits à un seul. Ici notre opinion s'appuie sur un texte formel, la loi 7, 2, Dig., 3, 4 : « Sed si universitas ad « unum rediit, magis admittitur, posse eum et con- « venire et conveniri, cum jus omnium in unum re- « ciderit et stet nomen universitatis. » Donc, s'il faut trois membres pour la fondation du collége, cette condition n'est pas exigée pour que la personne morale puisse conserver sa capacité civile. C'est une application de la règle écrite, à la loi 85, 1, Dig., 50, 17 : « Non est novum ut, quæ semel utiliter « constituta sunt, durent, licet ille casus exstite- « rit a quo initium capere non potuerunt. »

En dehors des cas où la suppression de la personne morale est amenée par la force majeure, il n'est, à mon avis pour l'être juridique qu'un seul mode d'extinction, la volonté de l'État qui, lui ayant donné la vie peut la lui retirer.

Je ne dirai donc pas comme Maynez : « Si le but « d'une corporation se rapporte à l'intérêt privé de « ses membres, elle sera éteinte quand il ne restera « plus de membres ». Aucune corporation ne se rapporte à l'intérêt privé de ses membres; sinon ce serait une société. Elle n'est créée corporation que pour satisfaire à un besoin plus général, en vue de ceux qui feront dans l'avenir partie de l'association, dans l'intérêt de l'État, qui se ressent de la prospérité de la réunion d'hommes qu'il a constituée entité juridique. La volonté des membres actuels d'un collége est donc impuissante pour faire échec à ces considérations d'ordre supérieur. Sans doute on concevrait une concession plus large de la capacité juridique, et j'aurai plus tard à présenter quelques observations en ce sens, mais tel n'a pas été jusqu'ici le point de vue de la législation, pas plus chez les Romains que dans le droit d'aujourd'hui.

31. Sort des biens de la corporation éteinte. — De ce que la corporation reste, à l'instant même où elle s'éteint, différente de la personne de ses membres, il en résulte que ceux-ci n'ont pas à se partager les biens de l'être moral comme les associés ordinaires. Ces biens reviennent donc à l'État, qui aura la faculté de les concéder, s'il le juge bon, aux membres du collége dissous, mais qui pourra aussi les retenir et les considérer comme réunis à son patrimoine. On argumente, en sens contraire, d'un texte mal interprété du Digeste, la loi 3, *de col. et corp.*, ainsi conçue : « Collegia, si qua fuerint illicita, « dissolvantur; sed permittitur eis, cum dissolvuntur, « pecunias communes, si quas habent dividere, pe- « cuniamque inter se partiri. » Pour réfuter l'argument tiré de cette loi, il suffit de remarquer qu'elle ne s'applique qu'aux colléges *illicites*, à ceux qui, n'ayant pas pu se constituer en personnes morales, n'ont réussi, en confondant leurs biens, qu'à établir une sorte d'indivision ; il y a donc lieu à partage précisément parce que le collége n'est pas être juridique. Si donc l'on veut faire intervenir ce texte dans la question qui nous occupe, ce ne peut être que pour en déduire, par *a contrario*, une preuve dans le sens de notre opinion.

CHAPITRE V

ÉTABLISSEMENTS RELIGIEUX.

Section I. — Époque païenne.

32. Origine des personnes morales religieuses.—
Dès la plus haute antiquité, nous trouvons établis à
Rome des colléges de Prêtres, les Pontifes, les Au-
gures, les Féciaux, les Quindécemvirs, les Vestales.
Toutefois nous savons peu de chose sur leur capacité civile. Il serait même téméraire d'affirmer qu'ils
ont été admis à la propriété, en tant que corporations ; en effet, s'il est nécessaire que leurs colléges
aient eu des moyens de subsistance assurés, ce patrimoine pouvait se constituer sans l'application des
règles de la propriété de droit civil, à l'aide des
formalités de la *consecratio*. La *consecratio*, on le
sait, faisait sortir du commerce les biens destinés
au service des dieux ; rien d'impossible à ce que les
prêtres aient eu la jouissance d'objets ainsi sous-
traits aux règles de la possession privée.

Toutefois, à une certaine époque, on voit s'établir
une distinction entre la situation juridique des colléges de prêtres et celle des temples et des dieux.

33. Colléges religieux. — Les colléges de prêtres

sont admis à la propriété privée. Ainsi Hygin nous montre des vestales et des prêtres possédant des fonds de terre : « Virginum quoque vestalum et sa- « cerdotum agri vectigalibus redditi sunt et locati. »

Toutefois, il ne faut pas croire que les corporations qui nous occupent aient eu, en droit, la même situation que les autres colléges. En effet, tandis qu'aucun être moral ne peut, en principe, se former sans l'autorisation spéciale de l'État, il y a une exception pour les colléges religieux : « Religionis causa « coïre non prohibentur, dum tamen non hoc fiat « contra senatusconsultum quo illicita collegia « arcentur ».

Ce texte a été interprété de façons différentes. Selon M. Gide (*Thèse de doctorat*, p. 42), il sanctionne deux principes.

I Toutes les associations mêmes religieuses sont prohibées.

2 Toutefois on peut s'associer pour exercer le culte.

Ce serait là à peu près le système de l'art. 291 du Code pénal. M. Gide s'appuye sur la loi 2, Dig., 47, 11, ainsi conçue : « Sub prætextu religionis vel sub « specie solvendi voti cætus illicitos nec a vete- « ranis tentari oportet. » Mais ce texte prévoit une fraude par laquelle des particuliers, et tout particulièrement des vétérans, s'associeraient pour former des colléges *sub prætextu religionis*. Or, dit le jurisconsulte, ces colléges n'auront pas la capacité civile. Je tire de là cet argument *a contrario* que, en l'absence de toute fraude, les corporations religieuses sont dispensées de toute autorisation. Leur existence juridique résulte d'une de ces reconnaissancesgénérales dont j'ai déjà parlé (p.34).

Dans sa large tolérance religieuse, Rome autorisa les associations des cultes étrangers. Les Juifs même obtinrent d'une constitution de Claude des concessions si larges que, plusieurs siècles après, Rutilius écrivait en parlant d'eux dans son *Iter* :

> Victoresque suos natio victa premit.

Si la Rome païenne persécuta les chrétiens, cela tient à ce qu'elle les rangeait au nombre de ces associations illicites qui « *sub prœtextu religionis* » cachaient des desseins contraires aux lois de l'Etat.

34. *Temples et dieux.*— Quant aux temples et aux dieux, leur capacité civile n'a jamais été reconnue d'une façon générale. L'Etat pourvoyait pour une bonne part à leurs besoins; les particuliers qui voulaient leur faire des libéralités procédaient par voie de *consecratio*. La reconnaissance légale ne pouvait donc leur servir qu'à une chose, leur permettre de recevoir par testament; or l'on sait que c'est là un droit dont la législation romaine, comprenant les dangers de la main-morte, se montra toujours avare. Toutefois certaines concessions spéciales furent faites à cet égard et Ulpien écrit (22, § 6) : « Deos hæredes instituere non possumus « præter eos quos senatusconsultis et constitutio- « nibus principum instituere concessum est.» Les dieux favorisés sont le Jupiter Tarpéien, Apollon de Didyme, Minerve d'Iles, Hercule de Gadès, Diane d'Ephèse, Cybèle de Smyrne et une déesse moins connue que le jurisconsulte appelle *Cœlestis Salinensis Carthaginis*. Seul Mars pouvait être institué dans tous ses temples de Gaule.

Section II. — Époque chrétienne.

35. Associations chrétiennes et monastères. — D è s le jour où le christianisme fit son apparition dans le monde romain, il employa l'association comme un puissant moyen de propagande religieuse. Persécutées par les empereurs, les confréries chrétiennes subsistèrent néanmoins, peut-être en se confondant avec les *collegia tenuiorum*, se réunissant, selon le mot de Pline, « ad capiendum « cibum promiscuum tamen et innoxium (1X, ep. 97).» A partir du jour où Constantin, vainqueur, employa son autorité au service de la croix, la situation changea, et l'édit de Milan (318) transféra aux établissements chrétiens les priviléges que l'ancienne législation réservait aux temples du paganisme.

Néanmoins c'est une question de savoir si la liberté
absolue des congrégations existait en principe,
comme ce sera peut-être une question pour l'avenir,
comparant notre théorie à notre pratique, de savoir
si cette liberté n'existe pas dans notre droit.
M. Emile Ollivier, à propos du célèbre procès de la
marquise de Guerry, soutenait, pour les besoins
peut-être de sa cause, que la règle de l'autorisation
a été empruntée au droit romain par notre législation (*Revue pratique*, 1858, page 98).

La difficulté provient de ce que, vu la faveur dont
était entouré le christianisme, il est certain qu'en
fait jamais l'autorisation n'était refusée. Je crois
que, même en principe, elle n'était pas exigée. Cette
doctrine n'est pas combattue par ce que dit la Nov. V
du consentement de l'évêque requis pour la construction d'une église et elle me semble résulter
logiquement de l'opinion admise sur la liberté des
fondations religieuses à l'époque païenne.

Aux restrictions provenant du consentement de
l'évêque, nécessaire en certains cas, il faut ajouter
diverses règles provenant en général d'une vue de
protection pieuse, mais exagérée et ridicule, dont
on trouvera le détail à la Nov. 5, la Nov. 133, la
Constit. XIV de Léon. Ainsi la Nov. 133 défend
qu'il y ait plus de deux portes au couvent, avec des
portiers âgés et chastes; le chap. V de la même no-
velle prescrit que les apocrisiaires des communautés

de femmes soient des eunuques ou des vieillards;
la loi 42, Code, *de ep. et cler.*, ordonne aux clercs
de ne pas laisser les fidèles chanter seuls, etc.

Ajoutons en outre que, comme les anciens colléges, un monastère ne pouvait se fonder avant de
compter au moins trois membres.

La capacité civile des monastères et autres fondations religieuses résulte ces différents textes des
titres *de epis. et cler.*, *de sacr. eccl.*, etc.

Les institutions chrétiennes n'ont pas été de
plein droit substituées aux biens du culte païen
qui firent retour à l'Etat. Mais une bonne part de
ces richesses leur fut transmise par la munificence
des empereurs. « Ea vero quæ multiplicibus consti-
« tutis ad venerabilem Ecclesiam voluimus perti-
« nere, Christiana sibi merito vindicabit. »

37. *Fondations pieuses.* — C'est à la religion
chrétienne qu'appartient la mérite d'avoir déve-
loppé les institutions de bienfaisance. Le paganisme n'appliquait les fondations religieuses qu'au
service du culte, et c'est pour cela que j'ai séparé,
à l'époque païenne, les établissements charitables
des personnes morales religieuses ; le christianisme
comprit dès l'abord l'immense parti que la foi nais-
sante pourrait tirer de cette conception grandiose
qui consistait à subordonner à la religion tout ce
qui contribue à l'amélioration, au relèvement de

l'humanité. La langue du droit romain en donne une preuve bien remarquable, en réunissant sous le nom de *pia causa* tous les *substrata* juridiques sur lesquels repose la personnalité civile des établissements d'utilité générale, et c'est là une expression dont se servent encore aujourd'hui les jurisconsultes allemands.

Le monde romain se couvrit donc de fondations de bienfaisance, diverses de but et de nom, que l'on appelait *Nosocomia, Gerontocomia, Ptocotrophia, Orphanotrophia, Brephotrophia, Xenodochia.*

Ces établissements constituaient-ils des personnes morales ? On pourrait en douter à la lecture de la loi 49, 2, Code, 1, 3, déclarant que, si quelqu'un institue les captifs, l'évêque recueillera les biens laissés. Mais cette disposition ne s'applique qu'à défaut d'un établissement existant pour recevoir la libéralité : l'évêque recueille non pas pour les fondations déjà créées, mais pour celles qui n'ont pas encore la vie civile.

Cette doctrine est consacrée par la Nov. 131, 15, décidant que « Orphanotrophi tutorum et curatorum « officio funguntur. »

A l'occasion des fondations pieuses, s'élève la même question que pour toutes les autres personnes morales. Leur établissement est-il libre ou est-il soumis à l'autorisation de l'Etat ? Sur ce point, le droit romain donne une solution formelle et la loi

46, C., *de Ep. et Cler.*, déclare que, si quelqu'un en mourant fait une libéralité pour une création de ce genre, sa volonté doit être exécutée. Mais si cette règle semble à l'abri de toute contestation comme applicable au droit romain, elle n'a pas été admise aussi facilement par les législations qui l'ont suivie et la plupart des auteurs allemands, pour en écarter l'autorité, font remarquer qu'elle n'est pas glosée dans les ouvrages du moyen âge; ils la repoussent donc (Van Wetter, 1, page 224) en invoquant le fameux principe : « Quod non agnoscit glossa, id « nec agnoscit curia. »

Je ne parlerai pas de l'extinction de la personnalité civile des établissements qui nous occupent; les règles sont, en effet, les mêmes que pour les colléges et corporations.

DEUXIÈME PARTIE

DROIT FRANÇAIS

37. *Transition.* Le droit romain nous a fait assister à la naissance et au développement de la théorie juridique des personnes morales : il nous a permis de comprendre cette idée dominante dans la matière que l'être moral a une existence indépendante et propre. Nous allons voir maintenant comment le droit français a appliqué ce principe. Les principales difficultés du sujet tiennent à ce que la délimitation n'est pas toujours exactement faite entre les pouvoirs retenus par l'Etat, source de toute capacité civile, et ceux qu'il a délégués aux personnes juridiques. Nous étudierons donc d'abord le rôle civil de l'Etat lui-même; puis, allant du simple au composé, nous rechercherons les caractères juridiques des établissements publics et d'utilité publique jusqu'au moment où la matière atteindra son maximum de complication par la rencontre de l'idée religieuse.

CHAPITRE PREMIER

DE L'ÉTAT.

38. Capacité civile de l'Etat. — Au premier rang parmi les personnes morales, nous devons mentionner l'Etat. Pas plus dans notre législation que dans le droit romain, il n'existe un texte qui confère à l'État la capacité civile. Néanmoins aucun jurisconsulte n'a songé à contester cette personnalité, comme on l'a fait pour celle de l'État romain. Cela tient à ce que si, à seize siècles de distance, il est possible, sans heurter toutes les habitudes d'esprit, de soutenir que l'*ærarium* n'avait pas d'existence juridique, la pratique de tous les jours viendrait donner un démenti au jurisconsulte qui voudrait transporter cette théorie dans le droit actuel. D'ailleurs, si nul texte n'est intervenu qui vînt, comme l'a fait par exemple le décret de 1811 pour les départements, reconnaître la capacité civile de l'État, cette qualité est supposée par le législateur en différents endroits. Je cite comme exemple, les art. 539 et 713 du Code civil attribuant à l'État les biens *vacants et sans maîtres.*

39. Capacité civile et souveraineté.—La capacité

civile de l'État échappe, par certains côtés, à la
théorie juridique, parceque cette idée vient parfois
se confondre avec une autre dont l'étude ne rentre
pas dans le ressort du droit, je veux parler de la notion de *souveraineté*. Tandis, en effet, que les autres
personnes morales n'ont d'autres droits que ceux
réglés par la législation civile, l'État a toute une
série d'attributions souveraines régies par des principes complètement différents. Néanmoins, l'exercice de cette souveraineté entraîne souvent l'État
à se comporter comme une personne civile. Ainsi,
c'est à lui seul qu'appartient le droit d'avoir une armée; toutefois les opérations du recrutement donne-
ront fréquemment lieu à des procès dans lesquels
l'Etat figurera comme partie devant les tribunaux.
Il est donc essentiel de distinguer le moment où
l'Etat cesse d'agir comme souverain pour se réduire
au rôle de personne morale. Constatons d'ailleurs
que ce changement de rôle ne provient jamais que
d'une concession antérieure du souverain par laquelle il a soumis volontairement à certaines restrictions l'exercice de sa prérogative.

Au contraire, l'Etat est une simple personne
civile toutes les fois qu'il s'agit de son domaine
privé. Les entraves apportées à la liberté d'action
de ceux qui le représentent, en matière d'aliénation
par concession, vente ou échange, proviennent du
même ordre d'idées que celles qui ont pour but de

sauvegarder le patrimoine des communes ou des établissements publics (1).

Nous nous contentons de constater ici la capacité civile de l'Etat. Cette capacité étant innée, nous ne saurions expliquer ni comment elle naît, ni comment elle finit. Elle naît avec l'Etat et finit avec lui. C'est dire assez que ce point est du ressort d'une science autre que la nôtre, s'il est toutefois une science quelconque qui ait pu fixer la loi de la création et de la disparition des Etats.

(1) Loi des 22 nov. et 1 déc. 1790, art. 8; loi du 10 sept. 1807, art. 41; loi du 18 mai 1850, loi du 27 avril 1864, etc., etc.

CHAPITRE II

**40. *Origine de la capacité civile des départe-
ments.*—**La personnalité civile des départements est
un fait sur la réalité duquel ne s'élève plus aujour-
d'hui aucune controverse. Toutefois , et quoique
cette question historique n'ait pas donné lieu à des
débats bien ardents, les auteurs sont loin d'être
tout à fait d'accord sur son origine.

Il faut remonter assez haut dans l'ancien droit
pour trouver les sources de cette institution, qui fait
de la circonscription territoriale un être civil, ayant
sa capacité propre et sa vie distincte. Sans nous
égarer jusque dans les obscurités de l'époque féo-
dale, constatons que, avant 1789, quelques pays,
appelés pays d'Etat, jouissaient, au point de vue de
l'impôt, d'une indépendance que ne connaissait pas
le reste de la France : c'étaient certains petits
pays, parmi lesquels le Bigorre et trois grandes
provinces, la Bretagne, le Languedoc et la Pro-
vence. Enfin , comme le fait remarquer M. Aucoc, à la veille de la Révolution un assez grand

nombre de généralités et de pays d'élection reçu-
rent une indépendance relative sous le rapport
financier.

Toutefois l'intention de ceux qui divisèrent la
France en départements, ne fut pas de faire œuvre de
décentralisation : ils voulaient avant tout réagir
contre l'ancien système des intendances et donner
plus de force à l'unité nationale en supprimant les
anciennes divisions de province à province. Aussi y
eut-il une vive résistance de la part des pays d'Etat;
j'emprunte au *Moniteur* de l'époque quelques paroles de Pellerin, député de la Bretagne : « Si la
« France, disait-il, veut exposer ses provinces, qui
« jusqu'à présent ont pu opposer une résistance aux
« entreprises du pouvoir exécutif, à perdre peu à
« peu cette force qui a si utilement servi la nation,
« il n'y a qu'à morceler les pays d'Etats ; bientôt et
« successivement chaque département deviendra la
« proie d'un pouvoir qui aura toujours assez de
« moyens pour gêner les administrations et assez
« d'étendue pour les vexer quand il voudra. »

Malgré ces protestations, qui ne portaient d'ailleurs que sur des points accessoires, la loi du 22
déc. 1789 consacra le principe de la division en départements.

41. *Loi de 1789.* De cette loi ressort l'idée de la
personnalité civile du département. Il résulte,
en effet, de l'art. 21, sect. 1, que le directoire de dé-

partement rend ses comptes de gestion. L'art. 6 de la troisième section nous montre le département capable d'emprunter et d'établir des impôts avec l'autorisation du corps législatif.

Comment se fait-il donc qu'en présence de textes aussi formels on ait soutenu que la capacité civile des départements n'ait pas été antérieure au décret du 9 avril 1811 ? Cette opinion se fonde sur ce que aucun des textes législatifs qui datent de la période de 1790 à 1811 ne fait allusion aux départements quand ils énumèrent les personnes morales.

Il est vrai que les art. 910 et 937 en matière de donations, 1714 pour les baux, 2045 sur les transactions, 2121 à propos de l'hypothèque légale des administrateurs, 2227 sur les prescriptions, parlent de l'Etat, des communautés d'habitants ou des communes, des établissements publics, ils ne nomment pas les départements ; mais ce silence s'explique naturellement, si l'on songe que, comme nous allons le voir, la personnalité civile des départements n'avait guère, avant 1811, qu'un intérêt théorique. Si en citant ces textes, on voulait en tirer cette conclusion que la loi ne reconnaissait pas l'existence civile des départements, ne faudrait-il pas dire que les établissements publics se confondaient alors avec les établissements d'utilité publique puisque le législateur s'abstient la plupart du temps de nommer ces derniers ?

Quoiqu'il en soit, dès avant 1811, les départements avaient à leur charge certaines dépenses. Ainsi l'instruction légale du 20 août 1790 les charges des dépenses de construction et d'entretien des voies de communication, chemins, canaux navigables et ponts.

La Convention, si peu accessible aux idées de décentralisation, décida, il est vrai, que les dépenses générales et les dépenses locales se confondraient. Mais la loi du 28 messidor an IV en revint à la tradition de la Constituante et mit à la charge des départements les dépenses des administrations centrales, de la police, de l'instruction et des prisons. Ce n'est toutefois que le célèbre décret du 9 avril 1811 qui constitua réellement le domaine départemental. Ce décret, « nouvelle marque de « la munificence impériale, » concède aux départements la propriété des établissements affectés aux services publics. En réalité, cette disposition grevait d'une lourde charge le budget départemental, puisqu'on leur concédait les biens de nul rapport pour eux et d'un pesant entretien.

42. Rôle des départements comme personnes morales. — Néanmoins certaines difficultés s'élèvent encore, après le décret de 1811, sinon sur la capacité juridique du département, du moins sur son étendue. Ainsi c'a été une question longuement controversée que celle de savoir si le sol des routes départementales, entretenues par les départements, n'appartenait pas à l'Etat; la question a été tranchée par un avis du conseil d'Etat du 27 avril 1834, repoussant les prétentions des départements.

Une question qui ne présente guère d'ailleurs qu'un intérêt théorique est celle de savoir si les départements doivent être considérés comme des établissements publics. C'est l'avis de M. Ducrocq, qui (n° 1328) admet une division bipartite des personnes morales autres que l'Etat et range parmi les établissements publics toutes celles qui ne sont pas d'utilité publique. Si la controverse avait quelque importance pratique, j'adopterais l'opinion contraire. Il est, en effet, peu conforme aux habitudes de la langue de considérer le département ou la commune comme un établissement. De plus, les textes du Code civil qui traitent des personnes morales distinguent les établissements publics des communes et communautés d'habitants;—on sait que le Code ne nomme pas les départements parmi les personnes morales.—Cette doctrine semble aussi résulter du texte de la loi du 6 juillet 1860, relative aux prêts faits par le Crédit foncier.

Les départements sont constitués personnes civiles d'abord pour la gestion de leurs propres intérêts. En pratique, leur capacité a encore une autre utilité : comme celle de l'Etat, elle sert à favoriser le fonctionnement de certains corps qui, sans être reconnus personnes morales, peuvent être admis, sous des conditions que nous aurons à examiner, à abriter leur incapacité derrière l'existence légale des départements.

Nous devons faire, à propos du département, une distinction analogue à celle que nous avons signalée entre la souveraineté et la capacité civile de l'Etat. Le département n'a aucune souveraineté; mais il est une *unité administrative* et il a, sous ce rapport, toute une série d'attributions qu'il ne nous appartient pas d'étudier, mais qu'il est essentiel de ne pas confondre avec les manifestations de sa capacité juridique.

43. Création des départements, modifications dans leur territoire. — Le rôle du département comme personne civile étant ainsi établi, il nous reste à voir comment un département est créé, comment il est modifié ou anéanti en tant qu'être juridique. Le décret des 26 février-4 mars 1790 a fixé à 83 le nombre des départements. A l'époque de la loi du 28 pluviôse an VIII, il était de 98, comme le constate le tableau annexé à cette loi; il s'élevait à 108 lors de l'arrêté consulaire du 25 therm. an II. Les traités de 1815 l'ont réduit à 86. L'annexion de la Savoie et de Nice l'a porté à 89. Enfin, par suite

de l'issue désastreuse de notre dernière guerre, il
est réduit aujourd'hui à 86, en outre desquels il
faut compter le territoire de Belfort.

Les modifications du territoire national sont donc
la cause principale qui donne lieu à la création ou à
la suppression d'un ou plusieurs départements.

En dehors des cas que nous venons de citer, le
nombre des départements n'a pas varié. Mais de
fréquentes atteintes ont été portées à l'étendue de
ces êtres moraux par l'adjonction à un département
d'un territoire séparé d'un autre département limi-
trophe. L'Assemblée constituante, se rendant bien
compte du caractère défectueux de son œuvre for-
cément hâtive, avait d'ailleurs réservé, dans son
décret du 26 février 1790, le droit pour les citoyens
et les administrations locales de proposer la ré-
vision des divisions apportées et de demander ce
qui paraîtrait le plus convenable à l'intérêt général
des administrés et des justiciables. « C'est, dit
M. Block (*Dict. d'admin.*, V° Département), par *cen-*
taines de mille qu'il faut compter les changements
apportés aux circonscriptions territoriales, et cet
état de choses, on peut le prédire à coup sûr, n'est
pas près de finir. »

Il est intéressant de remarquer que ce sont les
anciennes provinces qui ont été divisées en départements. Aussi la loi de 1790 n'a pas *ipso facto* changé
le territoire des anciennes circonscriptions, et quand

une rivière est désignéecomme la limite de deux départements, si l'ancien droit l'attribuaittoutentière à une province, elle continue à appartenir pour le tout au département découpé dans cette province. Ainsi il a été décidé (Req. 11 févr. 1840) que le département du Gard comprenàitlesdeux rives duRhône, l'ancienne province du Languedoc les ayant embrassées l'une et l'autre.

Les modifications dans le territoire d'un département ne peuvent résulter que d'une loi. Toutefois des décrets du premier et du second Empire ont opéré des déplacements de chefs-lieux sans intervention légale; c'est ainsi que Saint-Etienne a été substitué à Montbrison comme chef-lieu de la Loire. Mais des changements de cette nature ne touchant en rien à l'étendue du département comme personne civile, le principe reste certain dans notre matière que nul changement ne peut être fait que par la volonté du législateur.

44. *Arrondissement.* — Il est constant que l'arrondissement n'est pas une personne morale. Tous les actes de la vie civile le concernant sont faits dans son intérêt par le département. Le contraire toutefois parait résulter du décret du 9 avril 1811 : « Nous « concédons gratuitement aux départements, *arrondissements,* et communes la pleine propriété « des édifices occupés pour le service de l'adminis-

« tration, etc., » dit l'art. 1 du décret. Mais on
a effacé de la loi du 10 mai 1838 deux articles
qui consacraient la capacité des arrondissements et font cesser toute controverse en cette
matière.

CHAPITRE III

45. Origine de la capacité civile des communes. —
Le département est avant tout une unité administrative ; la qualité de personne morale n'est que secondaire chez lui. C'est même là ce qui explique
que l'on ait pu, à une certaine époque, lui en contester
l'existence. Au contraire, la personnalité civile des
communes a une importance bien plus considérable;
l'histoire et la pratique de tous les jours sont là pour
le démontrer.

Il faut remonter bien loin dans notre histoire nationale pour trouver l'origine de la propriété communale. Les uns, et c'est l'opinion à laquelle l'autorité de Savigny a valu un grand nombre de partisans, nous la montrent dérivant de l'ancien droit
romain, sommeillant à l'époque franque pour repa-
raître avec une vigueur nouvelle au moment où le
XIIe siècle assiste à la renaissance des communes.
Laissant de côté cette question, qui n'a trait qu'aux
destinées d'un nombre restreint de communes, les
communes urbaines du midi de la France, nous
devons signaler un point d'histoire du droit qui
n'est pas encore complètement élucidé.

L'ordonnance de 1669, sur les eaux et forêts, considère la propriété communale comme dérivant des
concessions des seigneurs. La loi du 10 juin 1793,
au contraire, semble admettre le droit originaire des
habitants sur les biens communaux et établit entre
eux une sorte d'indivision. C'est à cet ordre d'idées
que le Code civil emprunte sa définition des biens
communaux (542): « Ceux à la propriété desquels les
« habitants d'une ou plusieurs communes ont un
« droit acquis, » confondant ainsi l'être moral avec
l'ensemble des individus qui le composent, fausse
manière de voir, que nous aurons plusieurs fois, au
cours de ce travail, l'occasion de critiquer. Pour en
revenir aux origines de la personnalité de la commune, disons qu'elle ne provient peut-être exclusivement ni du droit antérieur, des habitants, ni
des concessions de Rome, ni de celles des seigneurs,
mais de toutes ces causes à la fois.

Mais si l'histoire du droit ancien nous montre l'o-
rigine de la personnalité des communes, c'est la Révolution qui, la première, a érigé chaque commune en
être moral distinct. A la commune du moyen-âge,
institution politique, variant avec les circonstances
et les lieux, la Constituante substitua une unité civile et administrative dont les pouvoirs et l'organisation sont fixés d'une façon uniforme pour
toute la France. C'est ce que la loi du 22 décembre
1790 formule en abolissant dans son art. 1 « les

« municipalités actuellement en fonctions dans
« chaque ville, bourg, paroisse ou communauté. »

46. Rôle de la commune comme personne morale.
— Comme l'État, comme le département, la commune est, en même temps qu'un être moral, une
unité administrative. Sous ce second rapport, nous
n'avons pas à nous en préoccuper. La Constituante
a songé elle-même à établir la différence entre ces
deux points de vue. « Les corps municipaux, dit
« l'art. 49, auront deux espèces de fonctions à rem-
« plir : les unes, propres au pouvoir municipal, les
« autres, propres à l'administration générale de
« de l'État et déléguées par elle aux municipalités. »
La première espèce de fonctions ne consiste pas
exclusivement dans la représentation juridique de
la personne morale: il faut, en effet, y faire rentrer
la police municipale ; mais tout ce qui touche à la
capacité civile des communes fait partie de ce que la
loi du 22 décembre 1789 appelle « les fonctions propres
« au pouvoir municipal. » C'est ce qui résulte de l'é-
numération de l'art. 50 comprenant dans ces fonctions
celles qui consistent à « régir les biens et revenus
« communs des villes, bourgs et villages ; régler et
« acquitter celles des dépenses locales qui doivent
« être payées des deniers communs ; diriger et faire
« exécuter les travaux publics qui sont à la charge
« de la communauté ; administrer les établisse-

« ments qui appartiennent à la commune, qui sont
« entretenus de ses deniers ou qui sont particuliè-
« rement destinés à l'usage des citoyens dont elle
« est composée. »

Aujourd'hui, que la loi de l'an VIII et celle de
1838 ont modifié dans ses principes l'organisation
municipale, il faut dire que les affaires qui intéressent la commune comme personne civile sont en
général du ressort du conseil municipal et que le
maire n'en est que l'exécuteur, tandis qu'il a le rôle
principal toutes les fois que la commune n'est com-
pétente que par délégation de l'Etat.

Toutefois il est certains cas où les communes ne
sont pas représentées au point de vue civil par leurs
administrateurs ordinaires : je veux parler de
l'hypothèse prévue par l'art. 70 de la loi du 18 juillet 1837. On suppose plusieurs communes possédant
des droits ou des biens par indivis, ce qui, dit
M. Aucoc (*Droit admin.*, t. 1, n° 171), se rencontre
fréquemment dans les montagnes des Pyrénées. En
ce cas, si l'une des communes propriétaires par
indivis réclame, il est institué une commission syndicale composée de délégués des conseils municipaux intéressés. Mais cette commission ne constitue pas un être moral distinct: il faut voir là un
procédé administratif pour résoudre une difficulté,
et non pas l'incarnation en une personne civile
nouvelle de certains intérêts généraux; nous

n'avons donc pas à nous arrêter sur cette matière.

47. Modification dans le territoire des communes. — Une commune peut acquérir, au point de vue de notre droit, la qualité d'être moral par suite de la réunion à la France du territoire dont elle fait partie ou la perdre par la séparation.

D'autres modifications dans la constitution territoriale d'une commune peuvent résulter d'opérations administratives. Tandis que, pour augmenter ou amoindrir l'étendue d'un département, d'un arrondissement ou d'un canton, il faut une loi, l'art. 46, § 26, de la loi du 10 août 1871 donne aux conseils généraux le droit de statuer sur les changements à la circonscription d'une même commune et sur la désignation de leurs chefs-lieux lorsqu'il y a accord entre les conseils municipaux.

Mais, du principe que les divisions territoriales plus importantes que la commune ne peuvent être atteintes que par une loi, il résulte que, toutes les fois que les changements dans la circonscription de deux communes touchent à la constitution territoriale de deux départements, arrondissements ou cantons, il faudra une intervention législative.

Un récent avis du Conseil d'Etat en date du 18 février 1873 dispose que les réunions de communes doivent être traitées comme de simples change-

ments à la circonscription des communes déjà existantes.

La création d'une commune nouvelle est approu-
vée par un décret, quand le conseil municipal
consent à la mesure projetée, que le conseil général
donne un avis favorable ou, s'il s'agit d'une commune de moins de 300 habitants, quand l'avis du
conseil général est favorable. C'est ce qui résulte
de l'avis du Conseil d'Etat du 17 octobre 1872. Il
faut, au contraire, une loi quand il y a opposition
d'un conseil général, d'un conseil municipal ou
d'une commission syndicale.

Le nombre des communes de France est actuellement de 35,989.

48. Section de commune. — A la suite de la commune, nous devons mentionner une personne
morale dont l'existence donne lieu à un certain
nombre d'observations intéressantes, je veux parler de *la section de commune*. Il faut se garder de
confondre la section de commune, personne morale
ayant des droits distincts, avec certaines divisions
auquel on donne le même nom, mais dans un autre
sens. Telles sont les sections de commune établies
au point de vue des élections, du cadastre, de la
répartition du territoire entre plusieurs bureaux de
bienfaisance (M. Batbie, t. VII, n° 145). Il existe, en
France, dit M. Aucoc dans son ouvrage spécial sur

la matière, environ, 30,000 sections de commune : il n'est pas possible d'en fixer le chiffre exact, et ce n'est qu'à l'aide de consciencieuses recherches dont il donne l'exposition que le savant jurisconsulte est arrivé au résultat approximatif que nous citons. Ces sections se trouvent en général dans les parties montagneuses de la France ; 23,000 sont situées dans les 11 départements du centre : dans l'Aveyron, le Cantal, la Creuse, le Puy-de-Dôme, le nombre des sections est en moyenne de 10, 11 et 15 ; il s'élève parfois jusqu'à 30, 36, 39, et même 64 et 66.

Depuis la publication de cet ouvrage, dont la deuxième édition date de 1864, il a été fait une statistique des sections de commune ; le nombre en est de 35,848 réparties entre 6,109 communes. La Creuse et le Puy-de-Dôme en renferment à eux seuls plus de 8,500.

Les sections de commune ont deux sortes d'origine. Les unes ont conservé des droits qu'elles avaient antérieurement à la nouvelle organisation du territoire français et, sont, quant à l'exercice de ces droits, distinctes de la commune, avec laquelle elles se confondent à tous autres points de vue. D'autres ont été créées par suite de l'application des règles que nous avons indiquées touchant les réunions et distractions de communes.

Une opinion que M. Aucoc développe dans son ouvrage (p. 95, n° 44), et que repousse un arrêt de la

cour de Bourges du 19 décembre 1838 admet que la
section est constituée par cela seul qu'elle a des
droits propres; ainsi qu'un testateur institue une
portion déterminée d'une commune, et une section
est créée en dehors de toute intervention administrative. C'est un système qu'on ne saurait admettre,
pas plus que celui qui consisterait à permettre aux
disposants d'instituer un arrondissement et de le
créer ainsi personne morale, contrairement à la
volonté formelle du législateur. Remarquons bien
que rien n'empêche le testateur de gratifier la commune à charge de faire profiter du legs telle ou
fraction déterminée.

La section est une personne civile ayant ses droits
distincts; elle est une communauté territoriale,
comme la commune elle-même, et non une réunion
de citoyens propriétaires par indivis.

C'est à l'autorité judiciaire qu'il appartient de
reconnaître l'existence des sections de communes
(Cass. 16 févr. 1859) et d'en constater les limites :
nous savons, au contraire, que, s'il s'agit d'une commune, la question est du ressort des juges administratifs. En effet, les sections de communes sont, non
des circonscriptions administratives, mais des personnes morales n'ayant d'existence que pour l'exercice de leurs droits civils.

49. *Suppression des sections de communes.* — La

section de commune peut venir à s'éteindre. Toutefois cette extinction ne résulterait pas de la réduction à un seul des habitants du hameau. Nous avons vu, en effet, et c'est là l'application des principes généraux de la matière des personnes morales, que la réduction à un seul des membres d'une corporation n'empêche pas l'être juridique d'exister.

Qu'arriverait-il si la dépopulation était complète? D'après M. Aucoc (p. 144, n° 58), les biens de la section devraient être partagés entre les propriétaires des terres situées sur la section. Ce système est contraire à la règle développée plus haut (page 10) que la personne morale n'est pas la même chose que la réunion des membres qui la constituent, si même on admet que la section de commune consiste en l'ensemble des propriétaires.

Un autre système, soutenu par M. Batbie, attribue les biens à la commune. Mais la personnification de la section ayant précisément eu pour but d'exclure la commune des biens en question, je ne vois aucune raison pour lui conférer un droit de succession dont la source ne se trouve dans aucun texte ni aucun principe.

Reste une dernière solution qui considère comme dévolu à l'Etat, le grand héritier des personnes morales éteintes, le patrimoine dont il s'agit. C'est l'opinion à laquelle je me rallierais si j'admettais le principe sur lequel roule la discussion, c'est-à-dire l'extinction de la personne morale par la dépopulation du hameau. Mais je crois que les auteurs qui se sont occupés de ce point de droit sont partis d'une idée fausse. Rien n'empêche la personne morale de subsister, malgré la disparition des individus qui en faisaient partie : l'entité juridique à laquelle seule au demeurant appartient la capacité civile n'est pas détruite par ce fait. Elle ne périra que le jour où l'Etat, dont l'autorité seule lui a donné naissance, prononcera sa suppression. Alors ses biens, selon un principe général que nous rencontrerons plus d'une fois encore, reviendront à l'Etat, sauf à lui, si tel est son bon plaisir, à les concéder à la commune dont la section faisait partie sous le rapport administratif.

CHAPITRE IV.

THÉORIE DES ÉTABLISSEMENTS PUBLICS ET D'UTILITÉ
PUBLIQUE.

**50. *Rôle juridique des personnes morales indé-
pendantes de l'Etat.*** — Les personnes morales dont
nous nous sommes occupé jusqu'ici ont été douées
de la capacité civile surtout dans un intérêt de
simplification administrative. Elles ne sont, à vrai
dire, que la personnification de l'Etat sous des noms
différents et à des degrés divers. Sans doute on ne
saurait agiter les questions relatives à leur existence
sans toucher aux points les plus délicats de la matière de la décentralisation ; mais, qu'elles aient ou
non une capacité civile, il n'en est pas moins essentiel que l'Etat soit représenté sous une forme ou
sous une autre dans les diverses parties du territoire. La matière des personnes morales prend, au
contraire, un intérêt bien plus considérable quand
on traite des établissements publics ou d'utilité
publique : là, en effet, l'existence de personnes civiles créées par la fiction de la loi vient combler une
lacune qui, à défaut d'elles, ne serait pas remplie ;
des intérêts auxquels la puissance publique ne
pourvoirait qu'insuffisamment par elle-même reçoi-

vent la satisfaction à laquelle ils ont droit; que ces établissements s'appellent hôpitaux, fabriques ou sociétés savantes, ils se présentent sous la forme d'une intéressante alliance entre l'Etat, source de toute autorité, et l'initiative individuelle qui, si elle n'a pas le prestige de la souveraineté, peut, du moins, se comporter avec une activité et une indépendance dont elle a seule le privilége.

Toutefois l'utilité de cette immixtion des particuliers dans certaines affaires qui mettent en jeu un intérêt public a été niée au nom de la doctrine de la toute-puissance de l'Etat ; l'époque révolutionnaire s'est refusée à reconnaître l'existence des personnes morales. Aussi le décret du 14 déc. 1789 comprend-il parmi les fonctions des municipalités le pouvoir d'administrer ces établissements absorbés par la commune. Un semblable système était trop bien d'accord avec la théorie, de jour en jour plus nettement formulée, de l'omnipotence de l'Etat pour que les législateurs de la Convention voulussent le modifier. Lorsqu'en l'an VIII commença la réorganisation des pouvoirs publics d'après des principes nouveaux, les établissements publics se dégagèrent peu à peu de l'Etat qui les englobait. Pourtant, chose assez curieuse, aucun texte précis ne vint régler les conditions de leur existence. Mais il résulte d'un avis du Conseil d'Etat du 17 juin 1808, se référant à une doctrine univer-

sellement admise, que «de pareils établissements ne
« peuvent être utiles et inspirer une confiance
« fondée, quelle que soit la pureté des intentions
« qui les ont fait naître, tant qu'ils ne sont pas
« soumis à l'examen de l'administration publique
« aut_ _isés, régularisés et surveillés par elle. »

L'art. 910 du Code civil, les lois de 1817 et de
1825 sont venus confirmer et développer ce
principe.

Notre législation admet donc l'existence de personnes morales ayant une vie à elles, une capacité
propre pour s'administrer, acquérir, aliéner et faire
tous les actes nécessaires à la fin qu'elles se proposent. Toutefois, à la différence des personnes
réelles, ces personnes morales n'ont de raison d'être
qu'autant qu'elles ont en vue un but spécial et déterminé. Ce but a-t-il une utilité réelle ? La personne morale se présente-t-elle dans des conditions qui indiquent qu'elle est à la hauteur de sa tâ-
che ? Voilà deux questions dont l'Etat s'est réservé
la solution; c'est lui seul, c'est son autorisation qui
donnera la vie à la personne morale. Ce n'est pas
tout; la limite même des droits de la personne morale étant le cercle dans lequel il lui est nécessaire
de se mouvoir pour mettre en œuvre l'idée qui lui a
donné naissance, l'Etat tiendra la main à ce qu'elle
ne sorte pas de ses attributions, à ce que par conséquent elle ne prenne pas une extension plus grande

que celle qui lui est nécessaire pour accomplir son
œuvre. Puis, lorsque l'établissement ne remplira
plus les conditions nécessaires à la réalisation de
son objet, lorsqu'il n'existera plus, c'est à la puissance publique qu'il appartiendra de pourvoir à la
satisfaction des besoins laissés en souffrance par
cette disparition.

On le voit donc, si j'ai donné exactement la formule de notre législation en cette matière, et c'est
là un point dont la démonstration résultera, je l'es-
père, de l'ensemble de ce travail, notre droit part
de cette idée que la personne morale n'agit que par
délégation de l'Etat. Ce principe, que je mettrai le
plus possible en lumière, entraîne d'importantes
conséquences. L'idée admise par le législateur est-
elle exacte ? Les déductions qu'il en tire sont-elles
saines ? J'ai longtemps hésité sur la solution de
cette question. Après avoir plusieurs fois modifié
mon opinion, je réponds par une distinction. Autant
le système du législateur est exact en matière d'é-
tablisements publics, autant doit-il être critiqué
quand il s'applique aux établissements d'utilité
publique. Voyons d'abord ce que l'on entend par
ces deux expressions.

51. *Des textes relatifs aux établissements publics
et d'utilité publique.* — Le législateur n'a nulle part
donné une définition qui permît de distinguer ces

deux sortes de personnes morales. Nous devons même constater que plusieurs des textes qui s'en occupent établissent entre les uns et les autres une confusion, d'ailleurs bien des fois signalée par les auteurs.

Pour ne pas m'appesantir sur un point qui, aujourd'hui, ne fait plus difficulté, je n'indiquerai que quelques-uns de ces textes. Ainsi l'art. 910, relatif à l'autorisation nécessaire pour l'acceptation des libéralités, ne mentionne que les établissements d'utilité publique tandis qu'il est hors de doute que sa disposition s'applique également aux établissements publics. Même confusion dans l'art. 937, qui parle des formalités nécessaires pour l'acceptation. Le décret du 3 sept. 1851 qualifie d'établissements *d'utilité publique* les chambres de commerce, qui ont évidemment tous les caractères de l'établissement *public*. La même erreur est commise par le décret du 25 mars 1852 à propos des chambres consultatives d'agriculture.

Toutefois la véritable doctrine a trouvé son expression dans plusieurs textes. Ainsi c'est intentionnellement que les art. 2045, sur la transaction, et 2121, relatif à l'hypothèque légale sur les biens des administrateurs, ne parlent que des établissements publics, et leurs dispositions ne s'appliquent pas là où ne se rencontre que le caractère de l'utilité publique. J'en dirai autant des art. 49, 1º, 83, 126, 336 et 1032 du Code de procédure, qui nous montrent les établissements publics en instance devant les tribunaux. Enfin, une loi plus récente et qui date d'une époque où la doctrine était arrêtée sur ce point, la loi du 26 février 1862, dans son art. 1, applique aux hospices et *établissements publics* la loi de 1860, sur les prêts faits par le Crédit foncier aux départements; l'art. 2 de la même loi statue, au contraire, en un sens différent quant aux établissements *d'utilité publique*.

Puisqu'il est constant que ces deux espèces de personnes morales ont chacune un rôle propre à jouer, nous devons déterminer en quoi elles se distinguent l'une de l'autre.

52. *Définition et comparaison des deux sortes d'établissements.* — On a donné plusieurs définitions des établissements publics. Les uns ont dit que ces établissements sont ceux qui vivent de la vie de l'État. Rien n'est plus inexact; si, en effet, certains établissements tels que les hospices nationaux, Charenton par exemple, sont administrés et régis par les fonctionnaires de l'État, nous verrons plus tard que les personnes morales de cette nature constituent une exception assez rare.

Pour d'autres, les établissements publics sont ceux qui trouvent leurs ressources en majeure partic dans l'impôt national. Il ne faudrait pas aller bien loin dans la liste des établissements publics pour en rencontrer qui ne tombassent pas sous le coup de cette définition.

Le vice des définitions que nous venons de citer et de plusieurs autres analogues consiste en ce qu'elles sont des critériums plutôt que des définitions. Or il n'est pas toujours possible de savoir *a posteriori* et par l'inspection de son mode d'existence, si une personne morale est établissement public ou d'utilité publique. Il faut remonter à sa création même, à l'intention du pouvoir qui lui a donné la vie. C'est ce que la majorité des auteurs (Batbie, Aucoc, Ducrocq) expriment en disant que les établissements publics sont ceux qui se rattachent d'une manière plus ou moins étroite à l'administration générale de l'Etat. Cette définition évite à coup sûr le danger de l'inexactitude, mais elle est bien insuffisante pour donner une idée quelconque de l'objet auquel elle s'applique. J'en proposerai une autre, qui me paraît non moins vraie et plus précise.

Les établissements publics sont ceux qui sont chargés d'un service aux besoins duquel l'Etat se considère comme obligé de donner satisfaction.

Par *a contrario*, les établissements d'utilité publique seront toutes autres personnes morales, étant mises à part les sociétés commerciales et,

dans l'opinion qui en fait des personnes morales,
les sociétés civiles.

Voyons maintenant quelles ressemblances et
quelles différences existent pratiquement entre les
deux espèces d'êtres juridiques qui nous occupent.

Les caractères communs sont assez nombreux.
Trois principalement méritent d'attirer notre
attention :

1° Pour créer un établissement public ou d'utilité
publique, il faut, sauf des exceptions dont nous
nous occuperons, un décret en Conseil d'Etat.

2° Nulle libéralité ne peut être acceptée par une
personne morale sans l'autorisation du gouvernement.

3° L'extinction de la personne morale donne lieu
au retour de ses biens à l'État. Nous verrons en
étudiant cette règle dans ses détails qu'elle n'est
pas sans soulever quelques difficultés.

Comme points accessoires de ressemblance, remarquons qu'il faut appliquer aux deux sortes d'é-
tablissements la loi de 1849 sur la taxe des biens
de main morte, le décret de 1863, touchant certaines formalités relatives à l'ouverture des testaments contenant des legs en leur faveur, l'art. 2227
du Code civil sur les prescriptions, etc.

La création et l'extinction des établissements publics ou d'utilité publique sont donc régies par les
mêmes règles. Mais il n'en est plus ainsi quand il

s'agit du mode de leur gestion. Les établissements
publics, en effet, sont dans la tutelle perpétuelle de
l'État, ils ne peuvent plaider (1032, Pr.) sans son autorisation; la transaction est soumise pour eux à la
même formalité (20451 C. ci.); l'aliénation de leurs
biens n'est pas libre; ils ont sur les immeubles de
administrateurs l'hypothèque légale de l'art. 2121.
Au contraire, l'administration des établissements
d'utilité publique, sauf l'exception de l'art. 910, est
libre en régle générale; ils peuvent donc, sans autorisation, plaider, aliéner, etc. Toutefois des lois
spéciales que nous n'avons pas à étudier établissent
des dérogations à ce principe à propos des congrégations, des monts-de-piété, des caisses d'épargne.
Mais la doctrine et la jurisprudence ont énergique-
ment repoussé toute tentative faite pour donner à ces
textes une portée générale : ainsi la Cour de cassation
a décidé, par deux arrêts du 3 avril 1854 et du 5
mars 1856, qu'une caisse d'épargne peut plaider
sans autorisation; la cour de Riom en dit autant à
propos des congrégations.

Nous comprenons maintenant la portée de la distinction faite entre les deux espèces d'établissements; il nous reste à en apprécier la valeur ; c'est
là une étude que nous réservons pour la fin de ce
travail, au moment où nous aurons vu à l'œuvre,
dans celles de leur application qui nous intéressent,
les principes que nous venons de poser.

53. *Plan du travail.* — Nous allons maintenant passer à l'étude particulière des divers êtres moraux qui nous intéressent. J'avais tout d'abord songé à étudier à part tous les établissements publics est tous les établissements d'utilité publique.

Néanmoins il m'a semblé que le véritable rapport à considérer réside non pas dans la qualification donnée à tel ou tel établissement, mais dans l'intention qui a présidé à sa création. Si l'on traite des fondations de charité, c'est après avoir parlé de celles qui ont le caractère d'établissements publics que l'on doit traiter des œuvres dites d'utilité publique. Il y a trop peu de différence en notre matière entre les deux espèces de personnes morales pour que ce plan présente des difficultés réelles; ce rapprochement rendra la comparaison plus facile et nous aidera à faire d'utiles observations au point de vue de la pratique aussi bien que de la théorie.

J'étudierai donc successivement les établissements se rapportant aux quatre buts suivants : instruction, charité, travaux publics, religion. J'aurai à rechercher tout d'abord, pour répondre aux exigences de mon titre, les formalités qui accompagnent leur création; puis comme une pareille étude ne serait qu'un oiseux assemblage de documents administratifs, nous nous demanderons pourquoi ces établissements sont créés, en quoi consiste leur capacité civile, quelle est la fin qu'ils se proposent : nous ferons enfin pour eux ce que nous avons déjà tenté de faire pour les départements et communes, donner une idée aussi nette que possible du rôle que joue dans la société la capacité civile des êtres moraux.

————

CHAPITRE V

DE L'AUTORISATION DU GOUVERNEMENT.

54. *De la concession de l'Etat.* — Avant d'entrer
dans l'étude détaillée des caractères qui détermi-
nent le rôle de chaque personne morale dans la
société, je dois poser quelques principes sur la condition générale, nécessaire à la création tant de
l'établissement public que de l'établissement d'utilité publique, je veux parler de l'*Autorisation du
gouvernement*. Il n'est en effet chez nous pour les
personnes morales qu'une seule façon d'accéder à
la capacité civile, les sociétés de commerce mises
à part : c'est la concession de l'Etat. L'autorité chargée de statuer sur les diverses demandes en autorisation ne sera pas toujours la même ; ainsi nous
verrons que les bureaux de bienfaisance peuvent
être créés par arrêté préfectoral. Mais en général
un décret sera nécessaire. Le préfet du département où l'établissement devra fonctionner fera au
préalable une enquête administrative ; il s'occupera
de connaître l'utilité du but envisagé par la personne morale future ; il examinera si ses ressources
sont suffisantes, si elle présente de bonnes garanties d'administration. Le Conseil d'Etat sera en

outre appelé à donner son avis; puis le chef de l'Etat statuera par décret.

Le principe que nulle personne morale ne peut exister sans une autorisation administrative semble fort précis et paraît ne pas laisser place au doute dans l'interprétation. Il n'en est pas ainsi toutefois et nous devons signaler deux graves difficultés qui se sont élevées à propos de la portée de la règle qui nous occupe.

55. *A quel moment doit intervenir l'autorisation?* — On s'est d'abord demandé à quel instant devait intervenir l'autorisation du gouvernement et une controverse grave existe sur le point de savoir si la reconnaissance de là personne morale n'a pas un certain effet rétroactif. L'intérêt principal de cette question se présente en matière de libéralités testamentaires. Supposons, en effet, un legs fait à un établissement qui n'a pas la vie civile, une congrégation non reconnue par exemple. Cette disposition est nulle comme faite à un incapable. Peut-elle être validée rétroactivement par la reconnaissance de la corporation intervenant après coup ?

La question est controversée. M. Troplong admet l'effet rétroactif de l'autorisation (*Donat.* t. 2, n° 618); il semble même résulter de son argumentation que la condition : *si la corporation vient à être autorisée*, doit être présumée tacitement sous-entendue. L'étrange raison sur laquelle l'éminent jurisconsulte base sa théorie mérite d'être citée : « La véritable pensée du testateur a été de se « montrer libéral envers l'Eglise dont les congré- « gations sont les membres et les auxiliaires. Quelle « que soit la formule dont il s'est servi, son legs « se ramène à ceci : Je donne à l'Eglise 10,000 fr. « à condition que dans 20 ans elle établira à Paris « un couvent du Sacré-Cœur. Or, l'Eglise est une « société impérissable qui existait au moment du « décès du testateur.»

Comment le grand jurisconsulte a-t-il pu oublier que si l'Eglise est impérissable en tant que pouvoir spirituel, l'Eglise n'a jamais eu et, surtout, n'a pas aujourd'hui la qualité de personne morale ? Et comment valider un legs sous prétexte qu'en réalité il s'adresse à l'Eglise quand il est indubitable qu'un legs fait expressément à l'Eglise ne saurait être exécuté du moins comme legs adressé «à cette société impérissable» qui s'appelle l'Eglise (1)?

Laissons donc de côté cette théorie qui, d'ailleurs, ne serait applicable qu'aux congrégations et demandons-nous si, en général la libéralité adressée à un établissement peut être validée par la reconnaissance postérieure de cet établissement. Le

(1) Il est probable qu'en pratique le legs serait, par interprétation de volonté, attribué à la paroisse du défunt.

Conseil d'Etat a, dans cette matière, une jurisprudence plus libérale que correcte ; tout récemment encore, au mois de mars 1877, il autorisait le Consistoire protestant de Paris à accepter un legs fait à une Mission en Afrique, qui n'avait aucune capacité civile. Or le Consistoire de Paris est une personne morale fonctionnant dans un territoire limité, n'ayant par conséquent nullement qualité pour représenter une Mission africaine.

Il faut, à mon avis, couper court à toutes les tentatives faites pour tourner la rigueur de la loi en décidant qu'aucune libéralité ne peut être adressée à un établissement non reconnu ; l'autorisation postérieure de l'Etat intervient vainement : le néant a été gratifié ; le legs a été nul *ab initio* et il doit rester nul. La reconnaissance, comme le fait fort bien remarquer M. Ch. Gide (*Thèse de doctorat, page 311*), est *attributive* et non *déclarative* de capacité.

56. Doctrine intermédiaire.— M. Demolombe qui, en principe, admet notre opinion, a été frappé d'une conséquence bien sévère qui, logiquement, découle de ce système. Si l'on ne peut instituer une personne morale non reconnue, il est impossible de faire des fondations par testament. Il propose donc comme moyen de tourner la loi (t. XVIII, n° 590) que la disposition en faveur de l'incapable soit

considérée, quand cela sera possible, comme faite
au profit d'une personne déjà existante telle qu'une
commune, un bureau de bienfaisance. L'éminent jurisconsulte indique cette façon d'agir comme un procédé, mais je crains que le procédé ne soit mauvais.
En effet, pour être gratifiée par personne interposée,
l'incapable en est-il moins incapable? et l'art. 911
n'est-il pas la condamnation de ce système?

« La disposition telle que nous la supposons ne
« peut se concevoir qu'autant que l'établissement
« n'existe pas, puisqu'elle a pour but de le fonder!»
dit M. Demolombe. A mon avis, cette disposition ne
peut pas se concevoir du tout. Reconnaissons donc
franchement que, dans l'état de notre législation, on
ne peut pas faire de fondation par testament.

Je ne connais pour les testateurs qu'un moyen
d'arriver à leur but : c'est d'instituer l'Etat en émet-
tant *le vœu* qu'il emploie les fonds à lui légués à la
création de telle ou telle personne morale. Ce procédé sera peu sûr évidemment ; il aura l'inconvient
que parfois l'intention du testateur ne sera pas
réalisé. Mais il n'est pas d'autre façon de satisfaire
la rigueur des principes.

57. *Théorie particulière.* — Je signale toutefois
une théorie qui m'est personnelle et que je n'ose,
pour ce motif, présenter que sous toutes réserves.
Elle aurait les mêmes conséquences que la thèse

que défendent, par des arguments, à mon avis, peu juridiques, les partisans de la liberté absolue des congrégations, tout en partant d'un principe complètement opposé. Voici en quoi consiste cette théorie : en déclarant une personne morale établissement public ou même d'utilité publique, l'État l'associe plus ou moins directement à son œuvre; la capacité civile est une sorte d'émanation de la puissance publique, très-sensible chez les établissements publics, moins apparente chez ceux qui n'ont que le caractère de l'utilité publique, mais résultant nécessairement de ce fait que l'Etat leur a conféré le privilége de l'existence juridique dans une vue *d'intérêt général*. Si l'on admettait ce principe, ce qui serait, comme je le montrerai bientôt en contradiction avec les idées en cours, il faudrait admettre que la personnalité de tous les êtres moraux n'est à proprement parler que celle même de l'État plus ou moins décentralisé. La reconnaissance d'un établissement n'intervenant alors que dans un but de simplification pratique, on pourrait dire que, toute personne morale ayant, de tout temps une existence vertuelle en l'État, l'État aurait une capacité générale pour recueillir une libéralité adressée à un établissement non encore fondé, absolument comme il recueille aujourd'hui un legs fait en faveur d'un service administratif qui n'a pas de capacité propre.

Je fais toutefois remarquer que cette thèse est en contradiction avec la pratique actuelle qui ne considère la déclaration d'utilité publique que comme un procédé pour rendre plus facile le fonctionnement de certaines sociétés dans lesquelles l'intérêt privé est dominant.

58. *Des personnes morales étrangères.* — J'en viens maintenant à la deuxième difficulté que j'ai signalée, celle relative à l'existence légale que peuvent avoir en France les établissements étrangers. Ces personnes morales peuvent-elles fonctionner en France sans une autorisation du gouvernement ?

La question est controversée. Selon le Conseil d'État (avis du 12 janv. 1854), la loi de 1819 n'ayant fait aucune exception pour les établissements étrangers, ils peuvent exercer en France les droits civils comme tout autre étranger. Je ne puis me rallier à cette doctrine. En effet, ce que la loi de 1819 a abrogé, c'est l'incapacité spéciale qui atteignait des individus capables en principe. Mais pour les personnes morales, l'incapacité est la règle ; les droits civils sont une concession que l'État fait à celles d'entre elles qu'il en juge dignes. Or, il ne résulte aucunement de la loi de 1819 ou de tout autre principe du droit que les établissements étrangers jouissent en France du bénéfice d'une reconnaissance générale. Sans doute les étrangers ont en

France des mêmes droits que les Français, sauf dans un nombre de cas que la doctrine détermine limitativement; mais ils ne peuvent réclamer chez nous la jouissance d'aucun privilége.

Quoique les conséquences d'une doctrine ne soient pas des motifs pour l'écarter si elle est juste en son principe, je ne puis m'empêcher de faire remarquer les singulières déductions que l'on peut tirer du système que je combats. Tandis que, chez nous, le législateur est si parcimonieux de la capacité civile, il la concéderait les yeux fermés aux plus dangereuses des associations, celles qui ont leur siége à l'étranger ! Il suffirait à la société de Jésus de prouver que, dans un pays quelconque, elle peut acquérir des biens pour qu'elle devînt chez nous établissement public ! Lorsque notre gouvernement refuserait la vie juridique à une corporation, elle irait l'acquérir à l'étranger, dans quelque lieu où la liberté absolue existe pour les personnes morales, et nos tribunaux devraient assister impuissants à cette fraude à notre droit et la sanctionner de leurs décisions (1).

(1) Voir en mon sens un arrêt de cassation (2 août 1860) intervenu sur une hypothèse à peu près analogue, la prétention d'une société anonyme suisse se prévalant avant la loi de 1866 de la reconnaissance intervenue en sa faveur à l'étranger. Voir aussi une consultation de trois jurisconsultes belges, MM. Bastine et Burtels et Arndts (Belgique judic. t. IV).

CHAPITRE VI

59. *Historique*. — Si, pour étudier la question de la capacité civile des êtres moraux en matière d'instruction publique, nous nous plaçons au moment où commence la société contemporaine, c'est-à-dire à l'époque de la Révolution, nous rencontrons ici, comme partout ailleurs, l'idée de la prépondérance de l'État. La loi du 11 floréal an X, dans son art. 43, dispose que « le gouvernement autorisera l'accepta-
« tion des dons et fondations des particuliers en
« faveur des écoles ou de tout autre établissement
« d'instruction publique. Le nom des donateurs
« sera inscrit à perpétuité dans les lieux où leurs
« donations seront appliquées. »

Mais la centralisation subsista en notre matière plus étroite qu'en toute autre, à cause d'une institution qui est une des créations les plus originales de l'Empire: je veux parler de l'Université.

Le décret du 17 mars 1808, faisait de l'Université une vaste personne morale ayant ses biens, sa dotation. Son patrimoine se composait de 400,000 francs de rente inscrits au grand-livre, des bâti-ments affectés au service de l'instruction publique, d'une part dans le produit des examens et inscriptions, des libéralités qui pourraient lui être faites. L'Université fut supprimée eñ tánt que personne morale par l'art. 14 de la loi du 7 août 1850.

60. *Les établissements universitaires sont-ils personnes morales ?* — Cette disposition donne lieu à une difficulté, à peine signalée par quelques auteurs et que la plupart résolvent, sans la discuter, dans un sens où dans l'autre. C'est celle qui consiste à savoir si, la personnalité de l'Université disparaissant, la loi de 1850 a, pour tenir la place de l'être juridique supprimé, conféré la capacité civile aux divers établissements de l'Université, lycées et facultés.

L'intérêt de la question est facile à comprendre. Si les lycées et facultés sont personnes morales, il ont une capacité propre pour acquérir à titre gratuit ou onéreux; ils peuvent être représentés en justice par leur administration. Si on admet la solution contraire, il faudra dire qu'ils ne peuvent être gratifiés que par l'intermédiaire de l'État, que c'est le ministre de l'instruction publique et non l'administration spéciale qui doit plaider au nom de l'établissement.

L'affirmative semble avoir triomphé dans la pratique administrative. Je citerai comme exemple le décret de Biarritz, en date du 8 sept. 1856, autorisant les *doyens* des facultés de droit, de médecine et des lettres à accepter le legs du baron de Trémont. Une décision du ministre des finances du 2 mars 1854 considérant les lycées comme personnes morales, déclare les marchés qui les concernent soumis au droit proportionnel.

Tout récemment encore, au mois de mars, le Conseil d'Etat a autorisé les *proviseurs* de certains lycées à accepter des libéralités tandis que le *ministre de la guerre* acceptait au nom de l'Ecole Polytechnique.

La loi de 1850 a été interprétée dans mon sens, par la décision du ministre des finances, du 15 avril 1865, disposant que « les lycées ayant cessé, depuis « la loi du 15 mars 1850, de former des établisse- « ments distincts de l'Etat, leurs registres de « recettes et dépenses sont comme tenus pour le « compte de l'Etat, exempts de timbre, en vertu de « la loi du 13 brum. an VII. »

Nos adversaires s'appuient sur le texte de l'art. 15 de la loi de 1850 disant que : « Les établissements « continueront de pouvoir acquérir et posséder sous « les conditions déterminées par la loi. » N'est-ce pas là, disent-ils, la reconnaissance formelle de la capacité des établissements désignés ? Cela peut paraître vrai, au premier abord ; mais je ne crois pas que la loi, en nous montrant ces établissements

acquérants et *possédants* ait parlé un langage strictement exact. Il est une chose certaine, en effet, et
sur laquelle le texte de la loi ne permet aucun doute
c'est que cette faculté d'acquérir et de posséder sur
la portée de laquelle je vais m'expliquer, n'est pas
une innovation ; cela résulte du mot *continuer* employé par la loi. Or, comme de l'aveu même de nos
adversaires, les lycées et facultés n'étaient pas
personnes morales avant 1850, on ne peut admettre
que la capacité leur ait été concédée par une loi qui
déclare ne leur accorder aucun droit nouveau.

Comment donc la loi a-t-elle pu dire que les
établissements en question acquièrent et possèdent,
s'ils ne sont pas personnes morales ? Le législateur
a parlé ici le langage du monde. Quand on voit
l'Etat acquérir un bien dans l'intérêt d'un lycée,
souvent par l'intermédiaire des agents de l'administration de ce lycée, on dit : le lycée a acquis tel
bien. Tout le monde est d'accord pour admettre qu'un
tribunal n'est pas personne morale, et cependant
nul ne s'étonnera d'entendre dire : la bibliothèque
qui appartient au tribunal de la Seine. La loi de 1850
veut dire simplement que les établissements d'instruction publique continueront à posséder et à acquérir sous les conditions déterminées par la loi,
c'est-à-dire sous le couvert et par l'intermédiaire
de l'Etat substitué à l'Université.

Donc, à mon avis, il ne faut voir d'établissements

publics, ni dans les facultés, ni dans les lycées, ni dans les colléges communaux, ni dans les écoles normales. Ce sont de simples rouages administratifs, n'ayant d'autres personnalité que celle de l'Etat, du département ou de la commune dont ils dépendent.

61. *De l'Institut.*—L'Institut, au contaire, et ses différentes sections sont des établissements publics; cela résulte des lois du 3 brumaire et 15 germinal an IV, du décret du 12 juillet 1872, etc. L'Académie de médecine est également un établissement public (Cour de Paris, D., 66, 2, 189).

La personnalité civile de l'Institut peut donner lieu à l'étude d'une hypothèse intéressante qui met bien en lumière certains principes étudiés plus haut. Si nous supposons un legs fait à l'Institut à charge d'en transmettre le bénéfice à celui qui dans vingt ans, remportera tel prix, ne doit-on pas voir là une libéralité faite par personne interposée, qui même sera écrite en faveur d'un individu n'existant pas encore, si le futur lauréat n'est pas encore né ? Il est, en effet, impossible de considérer l'Institut comme le légataire puisqu'il ne doit rien retenir du legs. Or comment valider cette libéralité, puisqu'elle ne peut valablement être attribuée ni à l'Institut, faute d'intérêt, ni au futur bénéficiaire, personne incertaine ? Néanmoins il est hors de doute que la libéralité est valable; c'est qu'en effet elle ne s'adresse ni à l'Institut ni au lauréat, mais à l'*idée scientifique*, au *substratum* dont l'Institut est le *représentant* juridique.

Nous trouvons ici une application de cette idée exposée au début de notre travail que le droit français n'a pas bien compris ce qu'était la personnification d'une idée. En effet, les Allemands admettent parfaitement que l'on institue la cause elle-même, indépendamment de toute *représentation* juridique. C'est là une distinction sur laquelle appuyent la plupart de leurs auteurs (Windscheid, § 58; Vaingerow, § 60; Puchta, § 28). Il n'en est pas de même chez nous, et la *cause* ne deviendra une réalité civile que du moment où elle aura reçu une incarnation qui, dans l'espèce, se trouve être l'érection de l'Institut en personne morale.

D'ailleurs certains écrivains allemands sont sur ce point d'accord avec le droit français. « L'exi-« stence juridique de la *pia causa*, dit Windscheid, « §57, note 5, a été niée par certains contemporains. « Selon eux, le vrai sujet des droits qui lui appar-« tiennent serait la communauté des fidèles ou « l'association laïque, selon les cas».

Remarquons, d'ailleurs, que la notion d'une personnification de la *causa* juridique ne se concilie pas aisément avec la nécessité d'une autorisation de l'Etat pour l'obtention de la capacité civile ; si en

effet on comprend très-bien qu'un testateur institue
une idée sans s'occuper de savoir par qui elle sera
pratiquement représentée, on ne conçoit pas l'Etat
donnant la vie civile à cette même idée sans résoudre en même temps la question de savoir à qui,
pratiquement, appartiendra l'exercice des droits
qu'il concède.

62. *Etablissements d'instruction déclarés d'utilité publique.*— L'instruction publique donne lieu
à la création d'un certain nombre d'établissements
d'utilité publique. On concevrait qu'un établissement
d'instruction secondaire ou primaire se fît, confor-
mément aux règles du droit commun, déclarer d'u-
tilité publique. Néanmoins les principes de la société sont assez larges pour permettre aux établissements libres de fonctionner sans le secours de cette
reconnaissance. Elle n'aurait d'utilité qu'au point
de vue des dons et legs qu'une maison d'instruction
ne saurait accepter sans avoir la vie civile ; nous
verrons tout à l'heure ce qu'il y a à dire sur ce point.

On voit plus fréquemment la déclaration d'utilité
publique intervenir en faveur de sociétés savantes.
Pour ne citer qu'un exemple, une société qui semble
appelée à un brillant avenir scientifique et dont les
premiers succès garantissent l'avenir, la Société de
législation comparée, a été déclarée personne morale.

Mais la matière a pris un intérêt tout particulier depuis que la loi du 12 juillet 1875 a proclamé la liberté de l'enseignement supérieur. L'art. 4 de cette loi est ainsi conçu: «Les établissements d'en-« seignement supérieur fondés ou les associations « formées en vertu de la présente loi pourront, sur « leur demande, être déclarés établissements d'uti-« lité publique, dans les formes voulues par la loi, « après avis du Conseil supérieur de l'instruction « publique.»

C'est là l'application pure et simple du droit commun sauf que l'avis du Conseil supérieur est exigé. Cette disposition est néanmoins intéressante parce qu'elle prouve que l'Assemblée nationale a repoussé certaines théories qui tendaient à permettre aux universités libres de se constituer personnes civiles en dehors de l'autorisation du gouvernement, pourvu qu'elles présentassent certaines garanties de durée et de stabilité.

63. Des établissements d'instruction qui n'ont pas de capacité civile. — Je ne serais pas complet si, après avoir indiqué dans quels établissements d'instruction se rencontre la capacité, je ne disais quelques mots des moyens employés pour tourner en faveur des incapables l'obstacle résultant de leur défaut d'existence juridique.

Lorsqu'il s'agit d'établissements appartenant à

l'Etat, au département, à la commune, rien de plus facile. Le procédé qui consiste à instituer l'Etat, le département ou la commune est absolument correct. On n'y saurait voir une libéralité adressée à un incapable par l'intermédiaire d'une personne capable ; l'établissement que le bienfaiteur a eu en vue a, en effet, une capacité virtuelle contenue en celle de l'Etat, du département ou de la commune et l'affectation spéciale de la disposition n'empêche pas qu'elle ne tourne au profit de l'être moral à qui incombe la charge de tel ou tel service de l'instruction. Ce mode de procéder, spécialement intéressant au point de vue des dons et legs, s'appliquera aussi quand il s'agira de tout autre acte de la vie civile. Remarquons que l'Etat est capable, même quand il s'agit de représenter un établissement départemental ou communal : en effet l'Etat, s'il ne conserve pas complètement à sa charge le service de l'instruction à tous ses degrés, contribue du moins à toutes ses dépenses.

La question devient plus délicate lorsqu'il s'agit d'établissements privés. Cette matière a été surtout étudiée en Belgique, où elle a donné lieu à une question célèbre, la question du legs Verhœgen. Le testateur avait disposé en faveur du haut enseignement de la Ville de Bruxelles. Or le haut enseignement n'est représenté à Bruxelles que par la Faculté libre qui n'est pas personne morale. On soutenait que le legs était valable comme s'adressant à la ville, à charge pour elle d'inscrire tous les ans à son budget une somme en faveur de l'Université libre. On argumentait de la faculté accordée à la commune de fournir un subside aux établissements qu'elle jugerait utiles.

La même question pourrait se présenter, en France, tant à l'égard des établissements primaires ou secondaires qu'à l'égard des établissements d'instruction supérieure qui n'auraient pas rempli les formalités nécessaires pour devenir personnes morales. En effet, chez nous, comme en Belgique, les communes ont la faculté de fournir des subsides aux établissements d'instruction. Ceci résulte de l'art. 69 de la loi de 1850.

Il est difficile d'admettre la validité de ce legs. En effet, il y a loin de la *faculté* accordée aux communes de fournir un secours à une maison d'enseignement à l'*obligation* qui résulterait pour elle de l'acceptation d'une telle libéralité. Ce n'est que par un artifice de langage que l'on peut dire que l'établissement d'instruction n'est pas le bénéficiaire, puisqu'il résulterait pour lui de l'exécution du legs un *droit* à des prestations périodiques. Le legs ne serait valable que s'il était fait à la commune laissée libre de disposer comme elle l'entend des sommes recueillies, en faveur de la maison à laquelle s'intéresse le testateur ou de toute autre personne.

La situation est tout autre que celle que nous prévoyions en autorisant l'Etat à recevoir pour un de ses lycées. Dans ce dernier cas, en effet, ce n'est pas un incapable que l'on institue sous le couvert d'un être capable; c'est une portion de cet être capable que l'on gratifie. ·

Remarquons toutefois que, si l'on admettait la théorie dont j'ai exposé le principe au n° 57, on pourrait considérer comme valable le legs Verhœgen.

Dans le même ordre d'idées, je trouve un arrêt assez étrange de la Cour de cassation (D., 1857, 1, 137). Un legs avait été fait en faveur du Consistoire de la confession d'Augsbourg, sous la charge d'employer les revenus à l'entretien de l'école attachée à l'Eglise. Cette école est entretenue par la Ville de Paris. Aussi le préfet de la Seine demanda-t-il que la Ville de Paris fût considérée comme la véritable légataire, à l'exclusion du Consistoire désigné par erreur. La Cour de cassation rejeta sa demande. C'est là, à mon avis, une tendance essentiellement contraire aux principes que de permettre au testateur de changer à volonté les attributions de telle ou telle personne morale. Une école communale ne peut, en droit, être représentée que par la commune. Admettre un consistoire à accepter une libéralité à elle destinée, c'est tout simplement consacrer une interposition de personnes que réprouve l'art. 911.

CHAPITRE VII

64. Historique. — Le service de la bienfaisance publique se fait aujourd'hui tout entier par le ministère des personnes morales : l'Etat lui-même n'y intervient pas directement. Il est pourvu aux besoins de ce service par deux catégories de fondations ; les unes sont entre les mains de l'Etat, gérées et administrées par ses fonctionnaires, tout en ayant leur vie civile propre, leur patrimoine et leur capacité : ce sont les Quinze-Vingt, Charenton, les Jeunes-Aveugles, les Sourds-Muets de Paris, de Chambéry, les Sourdes-Muettes de Bordeaux, les asiles de Vincennes, du Vésinet, du Mont-Genèvre. D'un autre côté, il faut placer les hospices et les bureaux de bienfaisance, surveillés et soutenus par l'Etat, mais qui ne lui appartiennent pas. Puis enfin, à la suite des personnes que nous venons d'énumérer et qui ont toutes la qualité d'établissement public nous mentionnerons les établissements de la charité privée revêtus de la qualité d'utilité publique.

La Convention, appliquant ici l'idée générale que nous l'avons déjà plusieurs fois vu mettre en œuvre, décréta, par la loi du 23 messidor an II, que l'actif des hôpitaux, maisons de secours, hospices, bureaux de pauvres et autres établissements de bienfaisance, sous quelques dénominations qu'ils fussent portés, deviendraient propriétés nationales et que les créances passives de ces établissements deviendraient dettes nationales.

Mais, dès le 5 fructidor an III, un sursis à la vente des biens fut décreté. Les lois du 7 frim. an V, 10 vent. an V et 4 vent. an IX réorganisèrent le service de la bienfaisance publique.

65. Représentation légale des pauvres. — Dans l'état actuel de la législation et de la jurisprudence, les intérêts généraux de la bienfaisance ont deux représentants: le maire et le bureau de bienfaisance. Depuis un récent changement dans la jurisprudence du Conseil d'Etat, le maire est considéré comme le représentant principal des pauvres, le bureau de bienfaisance n'ayant que les attributions qu'il tient formellement de la loi. Il n'en était pas ainsi antérieurement. Un avis du Conseil d'Etat du 15 janvier 1837 disposait que : « Toute libéralité en faveur « des pauvres d'une commune doit, aux termes de « l'ordonnance du 2 avril 1817, être acceptée par le « bureau de bienfaisance ou, *à défaut*, par le maire, « qui sont leurs représentants légaux. »

Cette doctrine était critiquée comme contraire au

texte des lois et aux intérêts bien entendus de la charité. Un avis du 6 mars 1873 a restitué au maire la
qualité de représentant légal des pauvres ; les bureaux de bienfaisance ont été réduits à leurs seules
attributions ; les fabriques et consistoires ont été
déclarés aptes à recevoir les libéralités destinées
aux pauvres, en tant qu'elles se rattachent à leur
mission.

67. *La fabrique ne peut pas représenter les pauvres.* — Nous adhérons complètement à la première
partie de cet avis, conforme à des textes législatifs
formels. Mais il me paraît impossible d'admettre,
avec le Conseil d'Etat, que la fabrique puisse représenter les pauvres sous quelque rapport que ce soit.
Il est vrai que, sous l'ancien régime, le curé était le
représentant légal des pauvres. Mais ce serait violer tous les principes de l'ordre de choses établi par
la Révolution que de se fonder sur les anciens usages pour maintenir à l'Eglise les droits qu'elle avait
autrefois en dehors de l'administration du culte.

Le Conseil d'Etat cite en sa faveur un mot du décret du 30 déc. 1809, qui confie aux fabriques l'*administration des aumônes.* Si ce texte était formel,
je m'inclinerais, non sans regret, devant son autorité. Mais est-ce que par le mot aumônes on ne doit
pas bien plutôt entendre celles faites dans l'intérêt du
culte que celles adressées aux pauvres ? En tout cas, le

droit de recevoir des aumônes n'entraînerait pas celui d'accepter un legs de rentes sur l'Etat, comme dans l'espèce qu'a eue en vue le Conseil d'Etat.

La question a déjà été résolue dans le sens qui nous paraît exact par un avis du Conseil d'Etat du 6 juillet 1815, visant le décret du 21 sept. 1812. L'ordonnance du 2 avril 1817, qui ne fait aucunement des fabriques les représentants des pauvres, vient confirmer cette interprétation.

D'autres tentatives pour donner aux pauvres, une représentation que n'a pas organisée le législateur ont été faites. Ainsi on a adressé des legs aux pauvres d'une congrégation non autorisée. Une pareille libéralité ayant en réalité pour but de constituer un patrimoine à une personne incapable, la disposition doit être déclarée caduque.

68. Création des bureaux de bienfaisance. — L'art. 14 de la loi du 24 juillet 1867 décide que les préfets, sur l'avis des conseils municipaux, pourront autoriser la création des bureaux de bienfaisance. La loi de 1867 a tranché une controverse sur l'existence légale des bureaux établis par le préfet; la Cour de cassation, par plusieurs arrêts dont le dernier est du 3 janvier 1860, ne reconnaissait pas la capacité civile de ces établissements. La circulaire du ministre de l'intérieur du 3 août 1867 règle l'usage que les préfets devront faire de ce droit.

Elle exige, entre autres conditions, que le bureau, avant d'être créé, justifie d'un revenu de 50 francs. Les bureaux doivent appliquer leurs ressources aux distributions de secours à domicile. et non à des fondations dans les hôpitaux et autres usages analogues.

69. Hospices. — Il importe de ne pas confondre le rôle des hospices avec celui des bureaux de bienfaisance. Tandis que les bureaux de bienfaisance sont principalement chargés de la distribution des secours à domicile, les hospices ont pour mission de recevoir les vieillards et les infirmes, les hôpitaux de donner des soins aux malades. Cette définition résulte des art. 1 et 2 de la loi du 7 août 1852.

Les hospices des hôpitaux forment des personnes morales ayant une capacité propre, quoiqu'ils soient administrativement subordonnés à la commune.

Comme toutes les personnes morales, les hospices et hôpitaux ont leur représentation juridique spéciale. Mais il faut remarquer que, dans certains cas, des étrangers peuvent intervenir dans leur administration : je fais allusion aux réserves que les fondateurs ont le droit de faire en leur faveur pour surveiller l'usage de leurs libéralités ; les dérogations peuvent consister soit dans un droit de présentation que lè fondateur garde pour lui et ses héritiers, soit dans le droit d'assister aux redditions de comptes relatives aux lits institués. Remarquons toutefois que ce droit de présentation ne doit pas dégénérer en spéculation. Le 18 février 1777, le Parlement de Paris déclarait déchu de leurs droits des héritiers qui en avaient trafiqué. L'arrêté du 16 fructidor an XI règle la jouissance de la faculté de présentation.

Les hospices et hôpitaux de Paris sont régis d'une façon spéciale : ils sont, en effet, réunis, avec les bureaux de bienfaisance et le Mont-de-Piété. dans l'administration unique de l'Assistance publique, qui, depuis la loi du 10 janvier 1849, forme une personne morale munie d'attributions étendues.

« Malgré son origine républicaine, dit le rapport « fait à l'Assemblée nationale le 24 février 1872, « cette organisation n'a pas été respectée par le « gouvernement de la Défense nationale. » Un décret du 29 sept. 1870 transférait à la municipalité le service des secours à domicile et créait une administration spéciale pour les hospices. La loi du 21 mai 1873, qui a réorganisé ce service, s'en réfère à à la loi de 1849.

70. *Fondations diverses.* — Il me reste encore à mentionner certains établissements qui se rattachent directement à la bienfaisance. Les *caisses d'épargne* sont des établissements d'utilité publique. La Cour de cassation leur a maintenu ce

Séligman.   8.

caractère par deux arrêts, l'un du 8 juil. 1856, l'autre du 5 mars 1856, leur refusant l'hypothèque légale de l'art. 2121 sur les biens de leurs administrateurs et leur permettant d'ester en justice sans l'autorisation du Conseil de la préfecture.

L'art. 1 de la loi du 24 juin 1851 consacre l'existence des *Monts-de-Piété*, en leur attribuant la qualité d'établissements d'utilité publique.

Les sociétés de *secours mutuels*, de *charité maternelle*, sont, dans le décret de décentralisation du 26 mars 1852 et l'instruction qui l'accompagne, l'objet de mesures importantes.

71. *Fondations privées.* — Il se peut que des particuliers, ayant créé un hospice ou autre établissement de bienfaisance, le fassent déclarer d'utilité publique. De ces personnes morales, je n'ai rien à dire, sinon qu'elles fonctionnent avec toute la liberté que comporte leur qualité, sauf les restrictions résultant de la loi et des conditions auxquelles le décret d'autorisation peut soumettre leur reconnaissance.

Certaines maisons de bienfaisance peuvent avoir un caractère mixte, à la fois public et privé. C'est ce qui arrive lorsqu'une libéralité a été faite à une ville par un particulier pour une fondation et que le fondateur s'est réservé le droit d'intervenir personnellement ou par ses héritiers dans l'administration de l'établissement créé. Remarquons toutefois qu'il est essentiel que le bienfaiteur ne fasse aucune réserve tendant à enlever aux autorités compétentes les droits que leur donne la loi: il y aurait là une condition illicite qui devrait par conséquent être tenue pour non écrite. Cette règle a été méconnue par un arrêt de la Cour de Colmar du 10 janvier 1839 autorisant des particuliers à administrer les biens par eux donnés aux pauvres.

Un exemple connu de fondation de cette espèce est celui de l'hospice institué à Namur par la comtesse d'Harscamp. Cet hospice devrait être régi par une administration spéciale dans laquelle la famille serait représentée. La commission des hospices fut autorisée, le 2 nivôse an XIV, à accepter le legs, et un décret du 26 sept. 1811 approuva le réglement spécial organisé par le testament. L'hospice vécut avec des tiraillements jusqu'en 1861. A cette époque, l'administration spéciale soutint qu'elle constituait une personne morale distincte. Nous retrouvons là cette prétention des êtres moraux, sans cesse combattue et sans cesse renaissante, d'accéder à la vie civile en vertu de la volonté du fondateur et en dehors de l'autorisation gouvernementale. La Cour de Liége (11 mai 1867) repoussa cette prétention.

Le principe de droit est donc qu'en dehors de l'organisation légale, il n'est pas d'administration pour la charité. C'est ce qu'a déclaré la Cour de cassation (D. 1863, 1,441) annulant un testament créant une administration à perpétuité de la succession: c'eût été une personne morale établie par la volonté du testateur.

CHAPITRE VIII

72. *Associations syndicales.* — Parmi les personnes morales qui ne se rangent pas sous l'un ou l'autre des deux chefs que nous venons d'étudier, les plus intéressantes sont les *associations syndicales*. La loi du 21 juin 1865 leur a fait une situation toute particulière. En effet, elle leur confère certains des caractères attribués aux établissements publics; ainsi les travaux entrepris pour leur compte sont considérés comme travaux publics. Bien plus, elles ont un droit qui n'appartient en général qu'à l'Etat, aux départements et aux communes, celui d'exproprier pour cause d'utilité publique. Malgré ces données législatives, la question de savoir dans quelle catégorie d'établissements on doit les ranger est controversée. Selon M. Aucoc, elles sont établissements publics, et cela parce qu'elles jouissent de certains priviléges qui paraissent indicatifs de ce caractère. Néanmoins je n'adopterai pas cette opinion : en effet, j'ai dit que l'établissement public était celui qui avait la charge d'un service dont l'Etat se considère comme responsable. Or il me paraît que, si les travaux publics sont entrepris dans un but d'utilité générale, néanmoins la considération de l'intérêt des associés y est trop prédominante pour qu'on puisse regarder ces établissements comme directement rattachés à l'administration générale de l'Etat.

Ceci ne s'applique qu'aux associations syndicales *autorisées*; pour les sociétés libres, elles sont incontestablement personnes morales, elles peuvent donc plaider, transiger, acquérir. Mais on se demande si elles sont établissements d'utilité publique. La cour de Nîmes (22 avril 1872) a décidé négativement et son avis est généralement suivi. On se fonde sur ce qu'il serait audacieux de considérer comme d'utilité publique une association qui se fonde sans autorisation administrative. Mais n'est-il pas plus audacieux peut-être encore de créer une nouvelle espèce de personnes morales dont n'a jamais parlé le législateur?

73. *Fondations pour le commerce et l'industrie*, etc. —Diverses personnes morales se rattachent aux intérêts généraux du commerce et de l'industrie. Ainsi les *chambres consultatives d'agriculture* instituées par le décret du 25 mars 1852 sont établissements publics. J'en dirai autant des *chambres de commerce*, dont l'importance tend actuellement à s'accroître.

74. *Caisses publiques.* Enfin un certain nombre de caisses chargées dë servicës publics ont une existence propre. Telles sont : la caisse des *offrandes pour l'armée,* la caisse des *retraites,* etc.

Au contraire d'autres caisses publiques n'ont pas d'individualité distincte, ce sont, par exemple: la caisse des *dépôts et consignations,* la caisse des *invalides de la marine.*

75. *Corporation sans existence civile.* — Enfin, il existe diverses corporations qui, en fait, exercent certains droits civils sans avoir en réalité aucune capacité juridique. Je citerai notamment l'ordre des avocats, qui a une bibliothèque, perçoit des cotisations. Il ne faut voir là qu'un simple fait sans fondement juridique et dont les tribunaux ne pourraient tenir compte le jour où il donnerait lieu à contestation.

J'en dirai autant des corporations d'officiers ministériels qui sont dans une situation juridique analogue.

CHAPITRE IX

ÉTABLISSEMENTS PUBLICS RELIGIEUX.

76. Principe qui régit la matière.—La constitution des cultes en France met à la charge de l'État
une partie de leurs dépenses. Néanmoins on comprend facilement que, tout en admettant ce principe,
le législateur ait cherché à sauvegarder le plus
possible l'indépendance réciproque de l'Eglise et de
l'Etat. C'est pour cela que, à la différence des autres administrations, l'administration des cultes a
été puissamment décentralisée par l'érection en établissements publics de ses divers organes. Les frais
du culte sont donc à la charge d'une série de personnes morales, subventionnées par l'Etat, mais
ayant une existence civile distincte. C'est ce qui
résulte du Concordat de 1801, posant en principe que:
« les catholiques français peuvent, s'ils veulent,
« faire en faveur de leurs églises des fondations
« (art. 15). » Ces personnes civiles sont pour la religion catholique: les menses, les séminaires et les
fabriques.

77. Menses.— Les menses épiscopales ou archi-
épiscopales sont les personnes morales qui sont
chargées de subvenir aux dépenses des évêques et

archevêques. Leur capacité civile résulte de l'art. 29
du décret du 6 nov. 1813.

Il faut éviter de confondre avec les menses les
diocèses, dont la capacité civile est controversée.
On conçoit facilement l'intérêt de la question. Si le
diocèse est personne morale, il représentera juridiquement non-seulement les intérêts de l'archevê-
ché, mais encore tous les intérêts religieux qui
n'ont pas une personnalité civile propre. Aussi
la question s'est-elle réveillée à l'époque de la discussion de la loi sur l'enseignement supérieur : en
effet, dans l'opinion qui fait du diocèse une entité
juridique, une faculté catholique pourrait acquérir
des biens sous le couvert du diocèse sans se faire
déclarer d'utilité publique.

Les partisans de la capacité du diocèse invoquant
en leur faveur certains actes du pouvoir exécutif
antérieur à 1841, un récent avis du Conseil d'État
des 29 avril, 7 et 13 mai 1874.

On vise dans le sens de cette opinion l'art. 73 de
la loi du 28 germ. an X, autorisant l'évêque à accepter les libéralités pour fondations en faveur des
prêtres infirmes et quelques décrets qui, depuis 1806,
ont accordé aux évêques le droit d'acquérir au nom
de divers intérêts non représentés civilement.

Néanmoins je crois que c'est à tort que, géné-
ralisant ces textes, on conclut de là à la personnalité du diocèse. Ces décrets, en effet, statuent

de *subjecta materia*, sans se référer à l'idée préexistante de la capacite du diocèse. Où trouveraient-ils, en effet, ce principe? Le décret du 6 novembre 1813 qui énumère limitativement les personnes morales religieuses, parle des menses épiscopales : il ne dit pas un mot du diocèse.

L'art. 3 de l'ordonnance du 2 avril 1817 nous montre l'évêque représentant l'évêché, mais non pas le diocèse.

La doctrine soutenue à l'Assemblée nationale par M. Chesnelong est en contradiction directe avec les principes généraux de notre législation sur les cultes qui a personnifié certains établissements religieux pour en permettre le libre fonctionnement, mais qui n'a jamais entendu créer dans l'État des individualités indépendantes qui seraient la représentation pure et simple de l'idée religieuse.

La *mense curiale* est la personne civile à qui appartient les biens qu'un curé ou desservant possède à ce titre.

Le *chapitre des chanoines* a également une capacité civile; j'en dirai autant des *séminaires ecclésiastiques* qui sont aux termes de l'ord. du 2 avril 1817, représentés par l'évêque quant à l'acceptation des dons et legs.

78. *Fabriques.* — Les attributions des fabriques ont été réglées par la loi organique du 18 germinal

an XI, art. 70 et par le décret du 30 décembre 1809. C'est de ce texte que résulte leur capacité civile.

La fabrique ne doit pas êtrs confondue avec une autre personne morale, la *cure ou mense curiale*. Cette dernière, en effet n'est constituée personne civile qu'en vue des intérêts du curé; l'autre au contraire a à supporter des charges assez variées qui sont principalement relatives à l'entretien de l'église et aux frais du culte dans sa circonscription.

Les attributions de la cure et de là fabrique sont donc toutes différentes; il était néanmoins utile de bien établir la distinction, parce qu'une certaine confusion pourrait résulter de ce fait qu'en général elles fonctionnent dans l'étendue d'un même territoire, qui est la paroisse. Constatons cependant qu'il peut parfois y avoir plusieurs fabriques dans le ressort d'une même cure : c'est ce qui arrive quand il existe dans la paroisse une chapelle érigée en personne morale distincte et munie d'une administration propre. Cette capacité des chapelles résulte du décret du 30 déc. 1809.

Toutes les chapelles ne sont pas personnes civiles. En effet, la loi du 18 germ. an X, art. 44, développée par le décret du 22 déc. 1812, émet le vœu qu'elles ne soient installées qu'avec l'autorisation du gouvernement, ce qui en ferait des établissements publics. Mais, dans la pratique, l'évêque les établit le plus souvent avec l'avis du maire, du préfet et des administrateurs; il les crée même de sa propre autorité chez les particuliers : elles ne sont alors pas personnes morales:

79. *Empiétements des fabriques.* — J'en aurais fini avec les fabriques si je n'avais à signaler de nombreuses tentatives faites à diverses reprises pour donner à ces établissements un rôle qui n'est pas le leur. Ces tentatives proviennent du même esprit qui a poussé certains publicistes à considérer les diocèses comme personnes morales. On a voulu faire des fabriques ce que le diocèse serait dans un ressort plus étendu, une sorte de représentant civil des intérêts généraux de la religion qui, par sa capacité, couvrirait l'inexistence juridique des divers établissements touchant de près ou de loin à l'ordre clérical : la fabrique exercerait son action même en matière d'instruction et d'hospitalité. On a oublié que les fabriques sont personnalisées seulement dans l'intérêt du service des cultes et que leur rôle est fixé par les termes du décret de 1809.

On n'a pas osé aller jusqu'à dire qu'une congrégation religieuse non reconnue pourrait acquérir des biens sous le couvert de la fabrique : c'eût été là une violation trop flagrante des lois sur la matière. Mais les fabriques ont servi à abriter l'incapacité des confréries. Capables d'acquérir sous l'ancien droit, ces corporations ont été supprimées

par la loi du 18 août 1792, qui abolit « les familia-
« rités, confréries, pénitents de toute couleur et
« autres associations de piété ou de charité. »
Leurs biens furent vendus comme biens de congrégations. En 1816, il y eut un projet pour les
rétablir. Néanmoins il n'aboutit pas, et la législation
est encore celle que Portalis formulait en ces
termes : « Je pense que l'intervention d'un décret
« donnerait aux confréries une importance qu'elles
« ne sauraient avoir et qu'elles doivent être sim-
« plement tolérées, pourvu qu'elles s'abstiennent
« de toute entreprise capable de troubler l'ordre
« public ou de gêner les ministres du culte dans
« l'exercice de leurs fonctions (décis. du 4 août
« 1808). » Donc, tolérées en tant qu'associations, les
confréries n'ont aucune existence civile. Un avis du
Comité de légistation rendu le 10 avril 1840 sur le
rapport de M. Dubois le constate. Mais un avis du
Comité de l'intérieur les considère comme capables
de recevoir par l'intermédiaire des fabriques. C'est
ce que je ne saurais admettre. Rien, dans les attributions des fabriques, rien, dans le décret de 1809
n'indique qu'elles puissent se faire aider dans leur
mission par les confréries. Je vois donc là une tentative frauduleuse pour échapper à une incapacité légale. Un pas de plus, et nous en arrivons,
par voie détournée, à donner une existence juridique aux congrégations illicites.

Je n'admettrai pas davantage les fabriques à servir d'intermédiaires pour les libéralités adressées aux ministres du culte. Les cures ont une personnalité propre; il ne faut pas user d'un subterfuge pour aller plus loin que la loi.

Je me suis déjà expliqué sur les empiétements des fabriques en matière de bienfaisance publique(n°67).

De même, en matière d'enseignement, je dois dire des fabriques ce que j'ai dit plus haut des consistoires (n° 63). Toutefois je crois qu'il y a lieu d'autoriser les fabriques à représenter l'enseignement purement religieux, celui qui se donne à l'église même : en effet, ce service se rattache directement à la célébration du culte, qui est l'objet principal que les fabriques ont en vue.

Pour les sépultures, le décret du 23 prairial an XII en remet le soin aux communes. Les fabriques n'ont droit, aux termes de l'art. 36 du décret du 30 décembre 1809, qu'au produit spontané des terrains servant de cimetières.

80. Consistoires protestants et israélites — Les consistoires protestants et israélites jouent dans la matière du droit le même rôle que les fabriques : ils sont chargés de gérer civilement les intérêts de la célébration du culte. La personnalité résulte, pour les établissements protestants, des articles organiques du 18 germinal an X.

L'avis du 6 mars 1873, qui autorise les fabriques à recevoir pour les pauvres, vise également les consistoires israélites et protestants. Quoique sa solution s'appuye sur l'art. 20 de loi du 18 germinal an X, chargeant les consistoires protestants de veiller à la distribution des aumônes, et l'ordonnrnce du 25 mai 1844, donnant un droit analogue aux consistoires israélites, je crois que l'on doit éviter d'étendre la portée de texte qui confère à ces établissements des attributions exceptionnelles, non conformes à leur destination particulière.

CHAPITRE X

DES CONGRÉGATIONS

81. Période antérieure au décret de messidor an XII — Lorsqu'éclata la Révolution, elle trouva la France couverte d'une quantité de fondations religieuses, en possession d'un immense patrimoine, dont les ordonnances tardives de 1666 et de 1749 avaient vainement tenté d'enrayer le développement toujours croissant. Une première atteinte fut portée à cette prospérité par le décret du 2 novembre 1789, mettant les biens ecclésiastiques à la disposition de la nation. La loi du 13 février 1790 interdit les vœux solennels, et le décret du 17 août 1790, plus radical encore, prononça la suppression en masse des congrégations. Lorsque le culte fut rétabli par le concordat de l'an X, aucune disposition spéciale ne rendit la vie aux congrégations. Bien au contraire, la loi du 18 germinal an X, dit dans son art. 11 qui autorisait les chapitres cathédraux et les séminaires : « Tous autres établisse-« ments religieux sont supprimés » et semble bien leur refuser l'existence d'une façon formelle. « Il n'est « pas nécessaire à la religion qu'il existe des insti-

« tutions pareilles », disait Portalis au Conseil d'Etat.

Le législateur ne s'occupa d'une façon spéciale des congrégations que par le décret du 3 messidor an XII. La société dite des Paccanaristes, qui n'était qu'une des formes de la société de Jésus, s'était reconstituée et demandait à être admise à la vie civile. Portalis, dans un rapport au premier consul, insista pour que l'autorisation fût refusée et pour que l'on formulât le principe que, hormis certaines congrégations de femmes vouées aux services hospitaliers, les ordres religieux étaient exclus de France. Le décret de messidor, qui intervint à la suite de ce rapport, dispose que « aucune aggréga- « tion d'hommes ne pourra se former à l'avenir, « à moins qu'elle n'ait été formellement autorisée « par un décret impérial sur le vu des statuts. »

Déjà toutefois divers décrets ou arrêtés, tels que ceux des 1 nivose an IX, 24 messidor an XI, 22 germinal an XII avaient reconnu l'existence de certaines communautés de femmes vouées à l'instruction publique et au soin des malades.

82. Congrégations autorisées avant 1817 — A la suite du décret de messidor an XII, certaines corporations d'hommes furent autorisées : ce sont les Trappistes du Mont-Saint-Bernard, du Mont Genèvre, de la Grande-Chartreuse, de la forêt de

Sénart ; nommons aussi les établissements formés à Paris par les trois congrégations des Missions étrangères, de Saint-Lazare et du Saint-Esprit.

Les dispositions qui ont reconnu ces différents établissements les ont-elles constituées personnes civiles ? Il y a lieu de douter. En effet, il n'est pas question, dans ces autorisations, de la capacité juridique conférée aux congrégations dont on sanctionne l'existence de fait. Le rédacteur des textes qui nous occupent semble n'avoir pas nettement distingué le droit d'association de la capacité civile : on sait qu'en effet, le législateur du commencement du siècle ne s'est pas très-bien rendu compte de ce qu'était la personnalité des êtres moraux. Je pense toutefois qu'en l'absence d'une volonté législative clairement manifestée, on ne saurait créer une existence juridique. Je dirai donc que ces diverses corporations, licites comme associations, ne sont pas des personnes morales.

Seuls, les Frères de la Doctrine chrétienne ont la capacité d'acquérir. Annexés à l'Université par le décret du 8 mars 1808, ils ont néanmoins conservé une existence distincte comme établissement d'instruction publique, mais non comme congrégation. Certains auteurs, en vertu de la loi de 1817, ont prétendu que les établissement de Frères formés postérieurement à cette loi ne pouvaient avoir la capacité d'acquérir qu'en se soumettant aux règles

imposées aux autres corps religieux. C'est ce que
je n'admets pas, puisque, à mon avis, le décret de
1808 a considéré les Frères non comme une congrégation, mais comme une institution annexée à
l'Université.

La Société des Missions avait, elle aussi, obtenu
la faculté de recevoir avec autorisation du gouvernement, en vertu d'une ordonnance du 25 septem-
bre 1807.

Les religieuses hospitalières tiennent, du décret
du 18 février 1809, le droit à l'existence civile.

83. Loi du 2 mai 1817. — En dehors des exceptions que nous venons de signaler, les communautés, même celles qui, à la faveur d'une autorisation
spéciale, échappaient aux sévérités du décret de
messidor, n'avaient pas la faculté d'acquérir. Cette
faculté leur fut donnée par la loi du 2 mai 1817. La
loi de 1817 est, pour les congrégations, une grande
victoire. Que le décret de messidor leur permit
d'exister sous certaines conditions, rien de mieux.
C'est là une application des principes sur la liberté d'association à laquelle il n'y a rien à redire.
Je comprends encore le décret de 1808, qui confère aux Frères le caractère d'utilité publique, celui
de 1809, qui accorde la même faveur aux Hospita-
talières. Je ne vois pas de mal non plus à ce que
l'on ait favorisé les corporations chargées du ser-

vice des montagnes. C'est avec raison que·l'on a encouragé les hommes ou les femmes qui, déterminés à user de la faculté que la loi laisse à chacun de vivre dans le célibat, se sont groupés pour accomplir une œuvre d'intérêt commun. Le décret de 1816, conférant la personnalité civile aux Missions, a expliqué lui-même que, s'il dérogeait aux principes généraux, c'était à cause des services que les Missions rendaient au culte en augmentant le nombre des desservants. Dans toutes ces hypothèses, l'utilité publique a été la cause ou tout au moins le prétexte de la faveur concédée. Mais la loi de 1817, en admettant, sans distinction, toutes les congrégations à la personnalité juridique, a été trop loin.

Elle a confondu deux principes de droit, celui qui autorise les hommes à se réunir à condition d'observer les règles de l'association et celui qui, par une faveur spéciale, donne à certains établissements une personnalité qui doit être la récompense de services rendus. Certes, il se comprendrait que l'on admît, au moins dans une certaine mesure, comme cela se fait pour les sociétés de commerce, toute réunion d'intérêts à revêtir la capacité civile. Mais, étant donnée une législation aussi parcimonieuse que la nôtre de cette capacité, il fallait laisser les associations religieuses dans la même situation que toutre réunion d'individus. Toutefois, comme nous devons appliquer la loi sans la juger, nous tiendrons désormais que les congrégations religieuses autorisées ont un caractère d'utilité publique et nous tirerons toutes les conséquences de ce principe tant contre elles qu'en leur faveur.

La loi du 2 mai 1817 n'accorde le droit d'acquérir qu'aux établissements *reconnus par la loi*. C'était dire qu'aucune congrégation ne pourrait se fonder sans une loi ; mais celles déjà existantes ne pouvaient être atteintes dans leur capacité.

84. Loi du 24 mai 1825. — Cette législation fut modifiée par la loi du 24 mai 1825. Remarquons, toutefois, que cette loi ne s'applique qu'aux congrétions de femmes. Les communautés d'hommes continuent à être régies par la loi de 1817 et ne peuvent, par conséquent, acquérir la capacité civile qu'en vertu d'une loi. Comme il n'est, à ma connaissance, intervenu aucune loi sur ce point depuis 1817, on peut dire que, sauf les exceptions déjà signalées relativement aux Frères, aux Lazaristes et aux Missions, il n'existe pas, en France, de congrégations religieuses d'hommes, résultat qui n'étonnera pas peu ceux qui ne sont pas au fait des finesses de notre législation.

Dès 1823, la question tranchée par la loi de 1825 avait été soumise aux Chambres. Le gouvernement aurait voulu qu'il lui fût permis de créer toute congrégation par simple ordonnance.

Cette proposition fut rejetée sur le rapport de M. Portalis et sur les discours de MM. Lanjuinais et Pasquier. Le 21 juin 1824, la Chambre des pairs repoussa un projet analogue. Ce n'est qu'après ces divers tâtonnements que l'on parvint à s'entendre sur la loi de 1825. D'après cette loi, les congrégations qui ne sont pas encore formées ne pourront être admises à la personnalité civile qu'autant « que « les statuts, dûment approuvés par l'évêque diocé- « sain, auront été vérifiés et enregistrés au Conseil « d'État en la forme requise pour les bulles d'insti- « tution canonique. Ces statuts ne pourront être « approuvés et enregistrés s'ils ne contiennent la « clause que la congrégation est soumise dans les « choses spirituelles à la juridiction de l'ordinaire. « Après la vérification et l'enregistrement, l'auto- « risation sera accordée par une loi à celles de ces « congrégations qui n'existaient pas au 1er jan- « vier 1825.»

Pour les congrégations déjà existantes, l'autorisation leur sera accordée par une ordonnance royale. Il ne s'agit pas là, remarquons le bien, d'une ordonnance destinée à confirmer celles qui, avant 1825, donnaient aux communautés l'existence légale, les hospitaliers, par exemple. Celles-là n'avaient pas besoin d'être autorisées à nouveau, et leur existence, légale avant 1825, devait naturellement conserver ce caractère, puisque la loi ne rétroagissait pas. Ce texte veut parler des communautés qui existaient, *en fait*, avant 1825. De cette façon, la loi de 1825 arrive à ce résultat assez singulier que les congrégations qui pouvaient prouver qu'elles avaient eu une existence de fait à l'époque où cette existence était frauduleuse, avaient le privilége d'être érigées en personnes morales par une simple ordonnance.

85. *Décret du 31 janvier 1852.* — Le vice de la loi de 1825 apparaît en pleine lumière si l'on considère la conséquence que le décret du 31 janvier 1852 a fort logiquement tirée de ce texte. Ce décret permet au gouvernement d'autoriser, par simple décret, les congrégations religieuses de femmes qui se consacrent à l'éducation de la jeunesse et au soulagement des malades pauvres « lorsqu'il sera « attesté par l'évêque diocésain que les congréga- « tions qui présenteront des statuts nouveaux au « Conseil d'État, existaient au 1er janvier 1825. »

Rien de plus étrange sans doute que cette légitimation se produisant plus d'un quart de siècle après la loi qui l'a autorisée comme mesure transitoire et en vertu de cette loi. Mais, puisque le texte de 1825 ne prescrivait aucun délai aux communautés existant en fait, il n'y avait aucun motif pour ne pas les admettre à se révéler encore en 1852 ; il n'y aurait pas de motif pour que le bénéfice de la loi de 1825 ne fût réclamé aujourd'hui encore, que cinquante ans sont passés depuis la date de cette loi.

Le décret de 1852 porte également d'autres dispositions favorables à la reconnaissance des communautés de femmes. Il admet l'autorisation par simple décret : 1° lorsque la congrégation nouvelle se soumet à des statuts déjà vérifiés par le Conseil d'Etat ; 2° lorsque — c'est le cas dont nous avons parlé — l'évêque atteste que la congrégation existait avant 1825; 3° lorsqu'il y a nécessité de réunir plusieurs communautés; 4° lorsqu'une association, reconnue d'abord communauté légale, justifie qu'elle faisait partie d'une communauté générale.

Pour en revenir à la loi de 1825, dont le décret de 1852 ne fait que développer un des points, rappelons que certains auteurs (Gaudry, *Légis. des cultes.* II. n° 622) ont voulu distinguer entre les congrégations existant publiquement avant 1825 et celles qui, jusqu'alors, n'avaient qu'une constitution occulte. Néanmoins nous ne trouvons pas dans la loi de 1825 les motifs de cette distinction et nous devons l'appliquer dans toute son étendue en lui laissant la responsabilité de ses décisions.

86. *Etablissements détachés.* — La loi de 1825, complètée, sur ce point, par le décret de 1852, concède, en son art. 3, la capacité civile aux congrégations de femmes qui ne forment pas une commu-

nauté nouvelle, mais sont simplement des *établisse-*
ments détachés d'une communauté déjà existante,
ceci, à la condition qu'elles soient dûment autorisées. En présence d'une disposition aussi nette, on
ne comprend guère qu'un arrêt de Cassation (D., 1854,
1, 123) ait validé le legs fait aux religieuses de
Saint-Vincent de Paul détachées de la maison-mère,
qui avaient fondé un établissement à Arras. En vain
la Cour allègue-t-elle que le legs à elles adressées
n'est en réalité qu'un legs fait à la communauté
avec affectation spéciale aux besoins des sœurs
chargées d'accomplir son œuvre charitable dans la
ville d'Arras. Ce système se comprendrait si la loi
de 1825 n'existait pas. Mais son art. 3 déclare :
« Qu'il ne sera formé aucun établissement d'une
« congrégation de femmes déjà autorisée, s'il
« n'a été préalablement informé sur la conve-
« nance de l'établissement et si l'on ne pro-
« duit à l'appui de la demande le consentement
« de l'évêque diocésain et l'avis du conseil munici-
« pal. » Tout établissement constitué en dehors de
ces règles n'a donc qu'une existence frauduleuse, et
la justice ne saurait valider aucun acte destiné à le
faire jouir des avantages de la capacité civile.

CHAPITRE XI

CONGRÉGATIONS NON AUTORISÉES.

87. *Théorie générale.* — Il semble que, après avoir constaté quelles sont les congrégations qui ont la capacité civile, nous ayons épuisé la matière et que la situation des autres congrégations soit déterminée d'avance par *a contrario* ; elles sont le néant, et le droit n'a pas à s'en occuper. Toutefois on ne connaîtrait que bien imparfaitement le sujet, si l'on ne passait pas en revue, au moins sommairement, les efforts faits par ces associations pour obtenir, sinon le titre, du moins les avantages de la personnalité civile. Il suffit de jeter un coup d'œil sur la situation de notre pays pour voir que les congrégations illicites existent en fait, qu'elles possèdent des biens, que, si elles comparaissent en police correctionnelle, c'est comme demanderesses. Il appartient donc au jurisconsulte qui doit se préoccuper non-seulement des principes abstraits de la législation, mais encore de la façon dont la pratique les envisage et les applique, de chercher par quelles voies de droit ces corporations sont arrivées au résultat que nous constatons chaque jour et d'en apprécier la légalité et la légitimité.

Remarquons d'abord que notre question est indépendante de cette autre, très-vivement controversée, qui consiste à se demander si les congrégations d'hommes et celles de femmes non autorisées tombent sous le coup de la loi pénale et encourent la dissolution. Tandis que la loi pénale doit rechercher et poursuivre les associations illicites, pour la loi civile, ce qui est illicite n'existe pas : c'est le néant. Mais lorsque ce néant s'insurge contre sa non-existence, lorsqu'il prétend exercer des droits dont le monopole est réservé à d'autres, alors le droit civil intervient pour combattre et repousser ses prétentions.

Le moyen généralement employé par les congrégations non autorisées pour se constituer un patrimoine est simple : il consiste à user du procédé connu sous le nom d'*interposition de personnes*. Cette fraude se présente sous deux formes différentes : ou bien la personne interposée sera un particulier, membre en général de la corporation, possédant, dans l'intérêt de la congrégation, ou bien ce sera un autre être moral, une société civile ou même commerciale, sous le fonctionnement régulier de laquelle se déguiseront les agissements illicites.

88. *Interposition de personnes.* — Les principes de ce mode de procéder se trouvent dans un mémoire de Nicolle imprimé à Lyon en 1770 . « Comme il

« faut tâcher que le bien qu'on fait à l'Eglise soit
« perpétuel, messieurs les légataires universels
« sont très-humblement suppliés de faire une dona-
« tion entre-vifs de biens sitôt qu'il sera mort quel-
« qu'un d'entre eux, de manière que ces biens ne
« puissent jamais aller à des parents. Que le dernïer
« survivant fasse un testament pareil à celui que
« j'ai fait en donnant des biens à trois personnes
« désintéressées et gardant le même ordre à perpé-
« tuité. »

C'est bien là le moyen que l'art. 911 appelle l'interposition de personnes. Le Code, par une sage
prévoyance, a traité cette fraude avec une rigueur
toute particulière. En principe il confirme les
donations entachées de conditions illicites en se
contentant d'annuler la condition, soustrayant
ainsi le bénéficiaire aux conséquences d'une faute
qui n'est pas la sienne. Dans le cas d'interposition
de personnes, prévoyant que les bénéficiaires, par
scrupule de conscience, feraient parvenir les biens
à l'incapable, il annule l'institution ainsi que le
fidéicommis. Il n'y a pas de distinction à faire entre
le cas où le fidéicommis est formel et celui où il est
tacite. Le juge, qui se croit en présencé d'une interposition de personnes, cherchera dans les circonstances de la cause les éléments de sa conviction
et il pourra prononcer la nullité de la disposition,
même si la fraude ne résulte pas de l'acte même.

C'est là la disposition légale avec laquelle nous pourrions réfuter les arguments subtils laborieusement préparés pour tourner la rigueur du droit : toutes les fois que, dans la pratique, le juge rencontrera un de ces raisonnements spécieux comme il en a été tant fait en notre matière, il les écartera par cette seule réponse : la prétention sur laquelle nous avons à statuer tend à faire consacrer une fraude au principe de l'art. 911.

Constatons d'abord que l'incapacité des congrégations religieuses ne s'étend pas à leurs membres. Ceux-ci sont pleinement capables de recevoir et d'acquérir. M. Emile Ollivier a soutenu, il est vrai, que les religieux ayant fait vœu de pauvreté et ne pouvant, en conséquence, acquérir que pour leur couvent, les libéralités qui leur seraient adressées devraient être considérées comme nulles. Je ne puis admettre cette opinion : la loi, qui ne tient pas compte, en faveur des membres des congrégations illicites, de leur qualité de religieux, ne doit pas la leur opposer. Leur vœu de pauvreté est nul au point de vue civil. La seule conséquence que l'on en puisse tirer, c'est qu'il faudra, en fait, admettre plus facilement l'interposition de personnes quand un congréganiste ayant fait vœu de pauvreté acceptera un legs.

La loi ne saurait pas davantage empêcher les religieux de mettre à la disposition de ceux avec qui

ils vivent les biens à eux légitimement parvenus.
Mais lorsque les biens ne sont entrés dans leurs
mains que pour être transmis à la communauté,
l'art. 911 trouve son application, et la libéralité est
annulée, comme faite à une personne interposée
chargée de la transmettre à un incapable.

Nous n'avons pas à énumérer toutes les circonstances que les juges pourront prendre en considération. Disons néanmoins qu'ils devront rechercher
quels étaient les liens qui unissaient le disposant
avec la communauté, quelle était la mesure de son affection pour le légataire apparent. Souvent il y aura
plusieurs institués pour que la réalisation du legs
soit mieux assurée. On tiendra compte aussi des pré-
cautions prises pour cacher la qualité de religieux
de celui qui est nommé dans le testament. Les con-
ventions intervenues entre les parties, quand elles
pourront être prouvées, pèseront d'un grand poids
sur l'esprit des juges. Mais, comme le remarque
Troplong, ce sont là des points de fait sur lesquels
les cours sont souveraines. C'est ce qui explique que
la Cour de cassation ait, contrairement à sa doctrine générale, été forcée de valider les legs dans
des espèces où l'interposition semblait constante.

On peut se poser une question. Contre qui, dans
leurs revendications, agiront les héritiers des testateurs et des donateurs ou leurs représentants ? Ils
poursuivront les légataires apparents, pour se faire

restituer les biens, lorsque ceux-ci seront en possession, et pour exiger d'eux réparation, s'ils ne peuvent reprendre entre leurs mains les valeurs léguées. Mais pourront-ils agir contre le reste de la communauté? Je réponds affirmativement sans hésiter. Mais n'est-ce pas reconnaître la personnalité de ces associations que de permettre un tel procès? En aucune façon, les ayants-droit assigneront, non pas la *communauté*, qui n'existe pas en droit, mais les *membres* de cette communauté, ce qui n'implique aucune reconnaissance de l'existence juridique de la congrégation.

Mais, remarquons le, il arrivera bien souvent que l'interposition de personnes ne pourra pas se prouver. Est-ce à dire qu'alors les congrégations jouiront de tous les avantages de la capacité civile, sans même être soumises aux restrictions auxquelles l'art. 910 et la loi de 1825 assujettissent les communautés autorisés? En aucune façon. Comme elles ne posséderont que par l'intermédiaire de leurs membres, leur droit sera toujours précaire; un membre, en quittant son couvent, emportera avec lui les biens mis sous son nom; les héritiers d'un religieux pourront exercer de son chef de ruineuses revendications. La jurisprudence donne d'illustres exemples de semblables procès; tels sont ceux qui ont été gagnés par la marquise de Guerry et les héritiers du P. Lacordaire.

89. Associations frauduleuses. — En faisant usage
du procédé que nous avons exposé jusqu'ici, les
congrégations n'accèdent à la propriété que par une
voie detournée, par l'intermédiaire et sous le couvert de leurs membres. Des tentatives ont été faites
pour leur permettre de posséder personnellement
des biens, d'agir en justice, d'avoir une véritable
vie civile. Le moyen proposé était simple : la congrégation se constituait en société civile et exerçait
alors tous les droits attachés à ce titre. Remarquons d'abord que cette façon d'agir ferait en tous
cas rentrer dans une grave controverse sur la question de savoir si la société civile est personne morale.
Mais, sans préciser l'étendue des effets que peut avoir
pour la communauté cette association une fois réalisée, je me demande si l'expédient est licite en soi.

Pour répondre à cette question, il faut distinguer.
Je constate tout d'abord que, la mort civile des religieux n'existant plus chez nous, les membres des
congrégations jouissent des mêmes droits que les
autres citoyens. Ils peuvent donc se constituer en
société aux mêmes conditions que les particuliers.
Si, par exemple, les moines de la Grande-Chartreuse formaient une société commerciale pour la
vente de leurs produits, si les Trappistes s'asso-
ciaient civilement pour exploiter leurs terres, il n'y
aurait aucun motif pour frapper de nullité un semblable contrat.

Mais si les religieux peuvent faire ce qui est permis à tous les autres citoyens, ils ne jouissent d'aucun privilége, et leurs associations ne sont valables qu'à condition de satisfaire aux conditions requises par l'art. 1833 : objet licite, apport réciproque, bénéfices à réaliser en commun.

Il est facile de constater que, la plupart du temps, la troisième de ces conditions fera défaut. Mais, dit M. Jacquier, qui, dans l'ouvrage que j'ai déjà cité, plaide avec un rare talent la cause des congrégations, il peut y avoir société civile sans que l'on cherche à réaliser des bénéfices en argent : la circonstance que l'on se réunit pour vivre en commun à meilleur marché est une base suffisante pour la constitution d'une société civile. L'objection est spécieuse, et quoique l'on comprenne de suite que ce n'est qu'un subterfuge, il est nécessaire de montrer qu'elle n'a en réalité aucune valeur juridique. Oui, on peut s'associer pour vivre à meilleur marché, mais à condition que l'objet de l'association soit réellement l'économie à réaliser sur les frais de l'existence. Si, au contraire, l'objet véritable de l'association est de frauder la loi qui interdit l'exercice des droits civils aux congrégations non autorisées, la société a un but illicite et le contrat est nul, comme contraire au principe général de l'art. 6 du Code civil, répété à l'art. 1108 pour les obligations, répété encore une fois, à propos des sociétés, dans l'art. 1833.

Séligman.   10.

Ce sont là des règles constantes en doctrine ; la jurisprudence est également fort nette sur ce point, et quoique certains arrêts, qui d'ailleurs ont presque toujours été motivés en fait, semblent avoir appliqué la loi avec quelque faiblesse, la théorie juridique peut être considérée comme bien établie (Cass. 26 févr. 1849).

Il est un cas toutefois dans lequel la jurisprudence paraît admettre les congrégations non autorisées à agir en justice : cette hypothèse est celle où les représentants de l'association demandraient la réparation d'une injure. Il est certain que tout particulier a le droit de poursuivre par voie de justice quiconque l'insulte. Mais le principe qu'une congrégation ne peut faire acte civil ne subit aucune exception. Il est toutefois bien évident que les membres de la corporation pourront agir en leur nom propre, à charge de prouver qu'ils ont été atteints dans leur considération personnelle et leurs intérêts immédiats.

CHAPITRE XII

DE L'EXTINCTION DES PERSONNES MORALES.

90. Suppression par l'Etat. — « Tous les gens de
« mainmorte, dit Merlin (V⁰ *Mainmorte*), ont cela
« de commun qu'ils ne peuvent exister que par
« l'autorisation de la loi et que la loi peut, quand il
« lui plaît, les anéantir en leur retirant l'autorisa-
« tion qu'elle leur avait d'abord accordée. »

Le principe est absolu dans sa généralité: quelle
que soit la nature de la personne morale, qu'elle
soit établissement public ou d'utilité publique, laïque ou religieuse, l'Etat a le droit de lui reprendre
la vie qu'il lui a donnée et que son consentement,
renouvelé chaque jour d'une façon tacite, lui a seul
maintenue. Il n'y a lieu d'établir de distinctions
que lorsque l'on en vient à se demander quelle est
l'autorité à laquelle l'Etat a délégué ce droit qui lui
appartient.

En principe, l'établissement fondé par un décret
peut être supprimé que par un autre décret, rendu
dans les mêmes formes que celui d'autorisation. Je
n'ai donc qu'à donner quelques détails sur celles des
personnes morales que, pour des raisons spéciales,

le législateur a soustraites à l'application de cette règle.

Les congrégations religieuses ne peuvent être supprimées que par une loi; c'est ce que dit la loi de 1825. Il est, en effet, tout naturel que ces personnes morales qui, sauf une exception d'une application d'ailleurs aussi fréquente que la règle, ne peuvent être établies sans l'intervention d'une loi, ne soient pas quant à leur suppression, à la merci du gouvernement.

Pour les succursales, « l'autorisation particulière « de ces congrégations ne pourra être révoquée « qu'après avoir pris l'avis de l'évêque diocèsain « et avec les autres formalités prescrites par l'art. 3 « de la présente loi (art. 6, 2º). » Ces formalités sont précisément les mêmes que celles exigées pour la création de la personne morale; il n'y a de différence que sur un point : tandis que le consentement de l'évêque est nécessaire quand il s'agit de fonder un couvent, il suffit, pour la suppression, que son avis soit demandé. Cette disposition fut introduite dans l'économie de la loi par la Chambre des pairs sur la demande du duc de Valentinois.

La loi de 1875 a prévu une autre hypothèse où un simple décret ne suffit pas pour supprimer la personne morale: c'est celle où l'établissement en question est un établissement d'enseignement supérieur libre qui aura été déclaré d'utilité publique. Il

y a là une disposition dérogatoire au droit commun
et qui n'est pas, comme celle de la loi de 1825, ju s-
tifiée par la nécessité de protéger contre le pouvoir
du gouvernement un établissement tenant de la loi
son existence civile; la capacité des personnes qui
nous occupent résulte, en effet, d'un simple décret.
M. Robert de Massy a expliqué la différence entre les
formalités exigées pour la création et celles nécessaires à la suppression par cette considération que
la révocation, touchant à des droits acquis, ne
doit pas être prononcée à la légère. La raison est
bonne mais remarquons qu'elle n'est pas spéciale
aux universités libres et porte aussi bien sur l'extinction des autres personnes morales laïques, qu'un
simple décret suffit à supprimer.

91. *Extinction libre.*— En dehors de la volonté
de l'Etat manifestée comme nous l'avons vu est-il
quelque mode d'extinction pour les personnes
morales ?

On considère assez généralement que la volonté
des membres d'une corporation peut supprimer la
corporation. Je ne connais pas sur ce point de droit
de jurisprudence en France. Mais la faculté pour une
personne morale de décréter sa propre mort a été
reconnu en Belgique par un arrêt de la Cour de
Bruxelles (*Paricrisie*, 1856, 2, 294). Il a été admis
que l'établissement devait être considéré comme

n'existant plus, par cela seul qu'il aurait cessé
d'accomplir les fonctions en vue desquelles il a été
reconnu par l'Etat; un hôpital perdrait sa capacité
civile s'il cessait de soigner des malades. Dans
notre pays, on reconnaît très-généralement qu'une
société savante, par exemple, ou de secours mutuels, peut se dissoudre par la volonté de ses membres. Cela est raisonnable, mais me semble contraire aux principes qui, à tort ou à raison, régissent
la capacité civile des êtres moraux. Ce qui a été
personnifié, en effet, c'est *l'utilité publique* ; les
membres de la corporation ne sont que les représentants de cette utilité. L'œuvre est fondée en vue
des intérêts de l'avenir comme en vue de ceux du
présent ; il n'appartient pas à ceux qui font aujour-
d'hui partie de la société de disposer de la personnalité dont on ne leur a confié, si j'ose m'exprimer
ainsi, que le dépôt. Ils peuvent personnellement
quitter la société, ils peuvent même la quitter en
masse. L'être moral n'en subsiste pas moins avec
ses droits et son patrimoine attendant que de nouveaux membres viennent en prendre la gestion ou
que l'Etat intervienne, soit pour pourvoir à ses
besoins, soit pour le supprimer, si le fonctionnement de l'établissement est devenu pratiquement
impossible. Mais la capacité civile conservera son
abstraite réalité tant que l'Etat dont elle émane
n'aura pas statué sur son sort.

Comment se fait-il que cette théorie, si conforme à la notion de la personne morale, soit journellement niée par notre pratique? Cela tient à ce que chez nous le caractère de l'utilité publique est conféré comme un moyen de tourner la rigueur des lois sur l'association. Un grand nombre de sociétés déclarées personnes morales ne sont, à vrai dire, qu'une réunion de personnes possédant en commun des biens, agissant en vue d'un même but, réunion à la quelle on a donné une capacité juridique parce que les règles de la société civile ne leur étaient pas applicables ou n'en eussent pas suffisamment assuré le libre fonctionnement. Mais il est à mon avis toutà-fait contraire à la notion de la personne morale que l'on considère comme telles des associations dans lesquelles les membres auraient le droit de disposer d'une capacité juridique qui n'est pas leur propriété.

92. *Dévolution des biens après la dissolution.*— Les principes que je viens de poser, ou plutôt de rappeler en les appliquant, vont nous aider à résoudre une dernière question, celle de la dévolution des biens de la personne morale éteinte. En théorie, on admet assez généralement que les biens de la personne morale éteinte reviennent à l'Etat. On se fonde sur les art. 713 et 768 du Code civil. J'irai chercher les motifs de cette dévolution dans des considérations empruntées plus directement à la

nature de l'être juridique. La personnalité civile
n'est, je l'ai dit, qu'une émanation de l'Etat; l'établissement personnifié est associé à l'œuvre du pouvoir public. Le jour où il cesse de travailler en vue
de l'intérêt général, les besoins auxquels il donnait
satisfaction ne doivent pas rester en souffrance;
l'Etat en redevient directement responsable. Il est
donc juste que le patrimoine affecté à ce service rentre aux mains de l'Etat. C'est là, bien plus que dans
la règle de l'art. 713, que je trouve le motif du retour
à l'Etat des biens de la personne morale qui n'est
plus.

Toutefois la pratique admettra difficilement, que
les biens d'une société savante, que l'on n'a déclarée
d'utilité publique que pour en favoriser le libre
fonctionnement, reviennent à l'Etat après dissolution. Le désaccord entre les principes et l'application tient au motif que j'ai déjà signalé : c'est que
ces personnes morales par la volonté du gouvernement n'ont pas le caractère essentiel de la personne morale, une existence indépendante de celle
de leurs membres. Comme les biens de l'association sont en réalité communs entre les membres,
on ne comprend guère qu'au moment où cesse la
communauté il n'intervienne pas un partage. Néanmoins le fait qu'une association a été, contrairement aux principes, déclarée personne morale, ne
doit pas empêcher l'application des règles essen-

tielles de la matière. Remarquons seulement qu'en pareil cas rien n'empêche l'Etat de faire abandon aux membres de la corporation des biens auxquels il a droit.

93. *Règles spéciales aux congrégations.*— Le législateur a édicté des règles spéciales sur la dévolution des biens après la suppression de l'être moral dans un nombre très-restreint de cas. L'art. 9 de la loi de 1825 décide que « en cas d'extinction « d'une congrégation ou maison religieuse de « femmes, ou de révocation de l'autorisation qui « lui aurait été accordée, les biens acquis par « donation entre-vifs ou par disposition à cause de « mort, feront retour aux donateurs ou à leurs « parents au degré successible, ainsi qu'aux testa- « teurs au même degré.»

« Quant aux biens qui ne feraient pas retour, ou « qui auraient été acquis à titre onéreux, ils se- « ront attribués et répartis, moitié aux établisse- « ments ecclésiastiques, moitié aux hospices du « département dans lequel seraient situés les éta- « blissements éteints.»

Il résulte de cette disposition que l'Etat est absolument désintéressé dans la question : « Jamais, « dit Gaudry *(Leg. des Cultes n° 613)*, le *votum* « *mortis* n'eût été plus dangereux, parce que « jamais il n'eût été plus facile à réaliser.» Cela est vrai en fait : il serait inique que l'Etat pût s'attribuer les biens d'une congrégation ; mais telle serait la conséquence rigoureuse des principes de la personnalité civile. Les congrégations, je l'ai déjà dit, ne remplissent pas les conditions constitutives de l'utilité publique. Que la loi leur permette d'exister en vertu de la liberté d'association, rien de mieux. Mais il est logique que, admises à tort au bénéfice de la capacité civile, elles supportent les conséquences fâcheuses de leur qualité. La loi de 1825 leur a conféré tous les avantages de la capacité juridique ; lorsqu'ils'est agi de leur en faire subir les inconvénients, c'est-à-dire d'imposer le retour des biens à l'Etat après extinction, elle a reculé, donnant ainsi à l'équité une tardive satisfaction au détriment de la logique.

94. Règles spéciales aux établissements d'enseignement supérieur libre. — La loi de 1875 emprunte sa doctrine à la loi de 1825, mais en tenant davantage compte du droit de l'Etat. « En cas « d'extinction d'un établissement supérieur re- « connu, dit l'art. 12, soit par l'expiration de la « société, soit par la révocation de la déclaration « d'utilité publique, les biens acquis par donation « entre-vifs et par disposition à cause de mort « feront retour aux donateurs et aux successeurs des « donateurs ou testateurs dans l'ordre réglé par la loi «et à défaut de successeurs ou donateurs, à l'Etat.

« Les biens acquis à titre onéreux feront égale-
« ment retour à l'Etat si les statuts ne contiennent
« à cet égard aucune disposition.

« Il sera fait emploi de ces biens pour les besoins
« de l'enseignement supérieur par, décrets rendus
« en conseil d'Etat, après avis du conseil supérieur
« de l'Instruction publique. »

La loi de 1875 maintient en principe le droit de
l'Etat ; elle est donc conforme aux règles générales
de la matière. Elle y déroge en deux points : le
premier est le droit de retour accordé aux donateurs dans des conditions extraordinaires, avec
une étendue que n'autoriserait pas le Code Civil.
Néanmoins il y a là une règle d'exception qui
se justifie par des considérations faciles à saisir.

La deuxième exception est contenue dans le § 2
de l'article : c'est celle relative au sort des biens
acquis à titre onéreux qui, après l'extinction, recevront la destination prescrite par les statuts. Cette
disposition est le débris d'un vaste système sur la
dévolution des biens de l'établissements disparu
que l'on a, à plusieurs reprises, tenté de faire passer
dans la loi. L'art. 12 du projet était ainsi conçu
dans son 1er paragraphe :

« Les biens provenant de dons et legs recevront
« l'affection qui leur aura été donnée expressément
« par le donateur ou testateur ; à défaut d'affecta-
« tion expresse, les biens feront retour aux dona-

« teurs, à leurs parents, au degré successible et à
« ceux des testateurs au même degré. »

On ne pouvait plus expressément établir le régime des substitutions. MM. Jules Ferry et Achille
Delorme firent admettre la rédaction actuelle
comme reproduction de l'art. 7 de la loi de 1825.

A la troisième déliberation, MM. Lucien Brun
Merveilleux-Duvignaux, Ernoul, Chesnelong pro-
posèrent cet amendement : « En cas d'extinction
« d'un établissement d'enseignement supérieur
« reconnu, soit par l'expiration de la société, soit
« par la révocation de la déclaration d'utilité pu-
« blique, les biens de l'établissement, restés libres
« après la liquidation des dettes, recevront la des-
« tination prescrite par les statuts. »

C'était revenir à l'idée de la commission; cet
amendement fut combattu par MM. Achille Delorme,
Marcel Barthe, Picard, qui objectaient avec raison
qu'il y avait là une proposition tendant à rétablir
les substitutions; que cette réglementation était
contraire à la nature de la personne civile, qui ne
reçoit que pour un but déterminé. La proposition
fut retirée et il n'en subsista rien, sinon l'addition
au § 2, autorisant les statuts à régler d'avance la
dévolution des biens acquis à *titre onéreux* seulement. Cette rédaction fut admise par 370 voix
contre 323 (*Journal Officiel* des 10 et 11 juillet 1875).

CHAPITRE XIII

95. *Distinction de deux espèces de personnes morales.* — Tant que je m'en suis tenu à l'exposé des principes juridiques qui régissent la capacité des personnes morales, j'ai résisté avec énergie à toutes les tentatives faites pour donner à la notion de cette personnalité une signification qu'elle n'a pas dans notre droit et j'ai refusé de suivre la pratique actuelle sur un terrain où il me semble que l'on risque de confondre cette idée avec celle de l'association. En ferai-je autant en législation? Demanderai-je à l'avenir de consacrer la rigueur des principes que nous a légués le droit romain et que notre droit a, selon moi, respectés? En aucune façon, et je crois que cette tendance, aujourd'hui générale, qui consiste à mettre des personnes morales où je ne vois que des associations, répond à un besoin réel et nous indique la voie dans laquelle doit marcher le progrès.

A mon avis, le mot personne morale correspond à deux idées différentes. Il doit d'abord s'appliquer à ces existences juridiques qui ne sont que l'incarnation d'une idée d'intérêt public. Dans ce cas, l'être moral aura droit à certains priviléges en faveur du rôle qu'il estappelé à jouer. Mais ces priviléges ne peuvent lui être conférés qu'en atteignant plus ou moins directement l'utilité des particuliers : ainsi les biens qui lui seront donnés échapperont à ceux qui à son défaut les eussent recueillis. De semblables personnalités ne pourront donc obtenir la vie que de l'Etat, juge qui, parfois, sera partial et dont le progrès tend à restreindre le plus possible le rôle, mais qui, en définitive, est seul compétent pour statuer sur ces créations dérogatoires au droit commun. A ces établissements, j'appliquerai toutes les règles précèdemment développées, leur capacité ne se confondra pas avec celles de leurs membres et, en conséquence, l'Etat seul pourra les supprimer; c'est à lui que reviendra le patrimoine de l'être moral le jour où cette suppression aura été prononcée.

96. *Personnes morales d'intérêt privé.* — Mais à côté des personnes juridiques de cette espèce, les seules, à mon avis, que reconnaisse le droit actuel, j'en voudrais fonder d'une autre espèce, êtres moraux d'intérêt privé, moins protégés par l'Etat, mais aussi moins directement soumis à son autorité. Il faut, je crois, que toute association légalement constituée ait la jouissance de certains droits civils sans lesquels elle ne peut fonctionner. En effet,

quelle est aujourd'hui la situation juridique d'une association? Après qu'elle a obtenu l'autorisation de fonctionner en tant qu'association, elle échappe sans doute aux rigueurs de l'art. 291 du Code pénal. Mais existe-t-elle en droit? Non pas; elle est un simple fait, toléré par le droit pénal, inconnu du droit civil. Son fonctionnement est légal et la loi ne le protége pas. Qu'elle contracte des dettes, elle pourra se dispenser de les payer; si on lui doit de l'argent, elle ne pourra le réclamer: les tribunaux refusent de constater son existence. Le bon sens s'indigne contre cette théorie; la pratique cherche un moyen de s'en affranchir et elle a trouvé la déclaration d'utilité publique, en sorte que des hommes réunis pour accomplir une œuvre d'intérêt privé sont obligés, pour y arriver, de faire déclarer qu'ils travaillent en vue de l'utilité publique et devraient, si l'on était logique jusqu'au bout, subir toutes les conséquences de ce principe. Cela ne saurait être et je demande que toute association soit munie des droits civils indispensables à son fonctionnement et qu'elle puisse les acquérir par cela seul qu'elle existe en tant qu'association, toute question relative à la liberté du droit d'association étant d'ailleurs mise en part. « Le droit de s'asso-
« cier, dit M. Bertauld, sous la haute autorité duquel
« je suis heureux de mettre cette théorie, serait un
« droit vain et presque dérisoire, s'il n'entraînait

« pas pour les associations le droit de faire certains
« contracts, sous lesquels elles ne pourraient se
« maintenir ni se développer. A quoi bon le droit
« dé naître, s'il n'implique le droit de vivre et de
« prospérer. »

Diverses objections ont été faites à ce système.
L'une consiste à dire que la capacité civile est une
émanation de l'État et ne peut être acquise sans
une concession. Cela est vrai, et je l'ai constaté dès
le début (page 11); mais cette capacité, les associations n'en jouiront qu'en vertu d'une permission
antérieurement accordée par le législateur. Le
droit d'association, libre en soi, peut être
restreint d'une façon générale par le législateur ;
réciproquement, rien ne s'oppose à ce que la personnalité morale qui, en droit naturel, n'appartient à aucune corporation, soit l'objet d'une concession générale.

Je trouve dans Savigny une seconde objection
ainsi formulée : « L'homme, par le seul fait de son
« apparition corporelle, proclame son titre à la ca-
« pacité de droit. Quand la capacité naturelle de
« l'homme est étendue fictivement à un être idéal,
« ce signe visible manque, et la volonté de l'auto-
« rité suprême peut seule y suppléer en créant des
« des sujets artificiels de droit (tome II, page 277). »

Ce danger est bien facile à éviter. Remarquons
d'abord qu'il n'existe que si l'on suppose que les

associations se forment sans autorisation. Même
dans cette hypothèse, rien ne sera plus facile que
d'exiger une déclaration des personnes morales
naissantes. Que l'on ne dise pas que cette nécessité
sera un obstacle à la liberté de leur formation : jamais les règles de l'État civil n'ont passé pour
destructives du droit qui appartient à tout homme de
naître et de mourir librement.

Plus sérieuse est l'objection tirée des dangers de
la mainmorte. Elle est de nature à impressionner
vivement ceux qui croient que les progrès en économie politique peuvent résulter des prohibitions,
et non du développement des idées juridiques et de
l'activité libre des individus. A cela je répondrai que
nous ne demandons pas pour les associations une
complète capacité civile: on pourrait, par exemple,
maintenir la règle de l'art. 910 du Code civil. Il
nous suffit que les corporations puissent faire les
actes nécessaires à leur fonctionnement utile.

En somme, je demande que les associations jouissent des droits qui appartiennent aux sociétés civiles dans l'opinion qui en fait des personnes morales.
Mon opinion aboutit à la création d'une nouvelle
espèce d'êtres juridiques, ayant la vie civile sans
être dans la dépendance complète de l'État. Cette
conception a été réalisée dans notre législation par
la loi de 1867, proclamant la liberté des sociétés de

commerce: je demande l'extension du principe nouveau proclamé par le législateur dans un cas particulier. J'ai signalé (page 122) une doctrine que je n'ai pas défendue en droit, mais qui, en législation, me semble contenir le germe du progrès dont j'appelle la réalisation. C'est celle qui fait des associations syndicales non autorisées des personnes morales sans les considérer comme des établissements publics ou d'utilité publique. Toute association devrait, selon moi, être placée dans la situation où certains auteurs mettent ces entreprises. Nous verrions cesser cette hérésie juridique qui consiste à rattacher au fonctionnement de l'État des établissements aussi essentiellement privés que des congrégations.

Les diverses sociétés particulières ne seraient plus obligées, pour avoir le droit de posséder leurs biens, d'en résigner pour ainsi dire la propriété entre les mains de l'État.

97. *Personnes morales actuellement existantes.* — Quant aux établissements qui, actuellement, ont la capacité civile, les uns, les établissements publics, ne verraient en rien changer leur situation. Les établissements d'utilité publique, au contraire, devraient, à mon avis, disparaître. Certains d'entre eux, tels que les Monts-de-Piété et les Caisses d'épargne diffèrent trop peu des établissements publics pour que l'on puisse hésiter à les ranger dans cette première catégorie. Quant aux autres, les congrégations, les sociétés qui se sont fait reconnaître par l'État sans vouloir s'associer à son œuvre, ils descendraient au rang de personnes morales libres, et personne, je crois, ne souffrirait d'une organisation qui satisferait à la fois les divers intérêts en présence et les principes du droit sainement entendus.

POSITIONS

à la fois dans le droit antérieur des habitants, dans les concessions de Rome et dans celles des seigneurs (v. page 73).

II. Le droit d'amortissement ne dérive pas des chartes d'immunité.

DROIT FRANÇAIS

I. La personnalité civile des départements date de 1789 (v. page 65).

II. Les sections de commune ne cessent pas de constituer des êtres moraux malgré la disparition de leurs habitants (v. page 80).

III. Les facultés, lycées et colléges ne sont pas personnes morales (v. page 102).

IV. Une commune ne peut être instituée à charge d'employer le bénéfice du legs dans l'intérêt d'un établissement d'instruction libre qui n'a pas de capacité civile (v. page 109).

V. La commune seule a qualité pour représenter juridiquement un établissement d'instruction communale, à l'exclusion de la fabrique ou du consistoire, même si l'établissement est spécial à un culte (v. page 111).

VI. Le maire est le représentant légal des pauvres (v. page 113).

VII. Les fabriques ne peuvent recevoir d'aumônes pour les pauvres (v. page 114).

VIII. Les diocèses ne sont pas personnes morales (v. page 125).

IX. La loi de 1825 s'applique même aux congrégations dont l'existence était occulte avant 1825 (v. page 140).

X. La libéralité faite à une congrégation à charge de se faire reconnaître n'est pas valable (v. page 94).

XI. Les congrégations d'hommes ne peuvent se constituer en sociétés civiles, sauf quand cette association a pour but principal un profit à réaliser (v. page 148).

XII. La personne morale ne peut se dissoudre que du consentement de l'Etat (v. page 153).

DROIT CRIMINEL.

I. L'art. 291 du Code pénal s'applique même aux cultes reconnus par l'Etat.

II. L'art. 5 de la Charte de 1814 n'a pas aboli l'art. 291 en matière religieuse.

DROIT INTERNATIONAL.

I. Les personnes morales étrangères ne peuvent

acquérir de droit en France qu'à condition de s'y être fait reconnaître (v. page 99).

II. Les tribunaux français peuvent, en cas de conflit de lois, prononcer une peine qui n'est pas inscrite au Code pénal, si la peine inscrite au Code étranger est plus douce que la peine française.

Vu pour le Doyen.
A. VALETTE.

Vu par le Président de la thèse,
J. LABBÉ.

Vu et permis d'imprimer.
Le Vice-Recteur de l'Académie de Paris;
A. MOURIER.

TABLE DES MATIÈRES

I. DROIT ROMAIN

II. DROIT FRANÇAIS

Paris. — Typ. Malverge et Dubourg, r. Cardinal-Lemoine 41

www.ingramcontent.com/pod-product-compliance
Ingram Content Group UK Ltd.
Pitfield, Milton Keynes, MK11 3LW, UK
UKHW022343130726
13694UKWH00006B/655